MARCO POLO

W0085387

KARIBIK

DOMINIKANISCHE REPUBLIK, BAHAMAS, KUBA
JAMAIKA, PUERTO RICO, CAYMAN ISLANDS

Reisen mit Insider Tipps

> Alle Inseln der Großen Antillen
> haben ihren eigenen, unverwechsel-
> baren Charakter, wenn sie land-
> schaftlich auch oft vieles gemeinsam
> haben. Die Vielfalt der Menschen,
> ihrer Kulturen und Sprachen hat
> mich schon immer fasziniert.
> *MARCO POLO Autorin*
> *Irmeli Tonollo*
> (siehe S. 143)

Spezielle News, Lesermeinungen und Angebote zur Karibik:
www.marcopolo.de/karibik-grosse-ant

KARIBIK

CUBA
Island
Guantánamo
Santiago de Cuba
Paso de los
JAMAICA
St. Ann's Bay
Navassa (USA)
Kingston

> SYMBOLE

Insider Tipp

MARCO POLO INSIDER-TIPPS
Von unseren Autoren für Sie entdeckt

★ **MARCO POLO HIGHLIGHTS**
Alles, was Sie auf den Großen Antillen kennen sollten

☼ **SCHÖNE AUSSICHT**

🔊 **WLAN-HOTSPOT**

▶▶ **HIER TRIFFT SICH DIE SZENE**

> PREISKATEGORIEN

HOTELS
€€€   über 150 Euro
€€   85–150 Euro
€   bis 85 Euro
Die Preise gelten für ein Doppelzimmer in der Wintersaison

RESTAURANTS
€€€   über 35 Euro
€€   20–35 Euro
€   bis 20 Euro
Die Preise gelten pro Person für ein Essen ohne Getränke

> KARTEN

[130 A1]   Seitenzahlen un Koordinaten für Reiseatlas Große Antillen

[U A1]   Koordinaten für Karten Havanna Santo Domingo hinteren Umsch

[0]   außerhalb der K Karte zu New Providence land S. 134/135, Übersic karte Bahamas S. 136/1 Zu Ihrer Orientierung sin auch die Orte mit Koordi ten versehen, die nicht i Reiseatlas eingetragen s

INHALT

> SZENE

S. 12–15: Trends, Entdeckungen, Hotspots! Was wann wo auf den Großen Antillen los ist, verrät der MARCO POLO Szeneautor vor Ort

> 24 STUNDEN

S. 106/107: Action pur und einmalige Erlebnisse in 24 Stunden! MARCO POLO hat für Sie einen außergewöhnlichen Tag rund um San Juan zusammengestellt

> LOW BUDGET

Viel erleben für wenig Geld! Wo Sie zu kleinen Preisen etwas Besonderes genießen und tolle Schnäppchen machen können:

Kolonialzeitlich-elegant wohnen in Havanna S. 37 | Karibik-Küche auf Grand Cayman S. 50 | Jamaikas Kaffee ganz günstig S. 62 | Kurztrips mit den dominikanischen Motoconchos S. 72 | Zelten in Puerto Rico S. 86 | Familientreff auf den Bahamas S. 100

> GUT ZU WISSEN

Was war wann? S. 10 | Spezialitäten S. 26 | Bücher & Filme S. 39 | Blogs & Podcasts S. 44 | Conchs S. 96 | www.marcopolo.de S. 114 | Währungsrechner S. 116 | Was kostet wie viel? S. 117 | Wetter S. 118

AUF DEM TITEL
Mit dem Powerboat zu den Exumas S. 101
Kaffee aus den Blauen Bergen S. 56

ENTDECKEN SIE DIESE INSELN!

Unsere Top 15 führen Sie an die traumhaftesten Orte und zu den spannendsten Sehenswürdigkeiten

Die Highlights sind in der Karte auf dem hinteren Umschlag eingetragen

 Karneval in Santiago de Cuba
Jedes Jahr im Juli feiert die ganze Stadt eine riesige, pulsierende Nonstop-Party (Seite 23)

 Junkanoo
Karibischer Karneval in Nassau auf der Bahamas-Insel New Providence: frühmorgens mit prächtigen Kostümen und viel Krach (Seite 23)

 Altstadt von Havanna
Prächtige historische Gebäude und viel Nostalgie: Kubas Beitrag zur Weltkultur (Seite 37)

 Reef Grill
Cooler Treff mit heißer Musik auf den Cayman Islands – drinnen stilvoll, lässig auf der Veranda (Seite 49)

 Blue Mountains
Die „Blauen Berge" in Jamaika sind das Anbaugebiet des besten Kaffees im Land (Seite 56)

 Port Royal
Das jamaikanische Fischerdorf mit seiner beeindruckenden Befestigungsanlage soll früher die sündigste Stadt der Welt gewesen sein (Seite 56)

 Altos de Chavón
Einer Siedlung aus der spanischen Kolonialzeit nachempfunden: Dorf für Künstler und Galerien in der Dominikanischen Republik (Seite 69)

 Los Haïtises
Mit dem Boot durch die dominikanischen Mangrovensümpfe (Seite 71)

> DIE BESTEN MARCO POLO HIGHLIGHTS

★ **Zona Colonial**
Das Tor zur Neuen Welt: Von Santo Domingo aus eroberte Kolumbus Mittel- und Südamerika (Seite 73)

★ **Isla Cabritos**
Die kleine Insel im Lago Enriquillo in der Dominikanischen Republik ist Lebensraum einer seltenen Krokodilart (Seite 75)

★ **Ruta Panorámica**
Die Gebirgsstraße schlängelt sich einmal quer durch Puerto Rico (Seite 82)

★ **Tibes Indian Ceremonial Park**
Reise in die Vergangenheit Puerto Ricos: eine Art Fußballstadion der Tainos. In präkolumbischer Zeit soll es hier Menschenopfer gegeben haben (Seite 82)

★ **El Yunque Rain Forest**
Das letzte Stück Regenwald Puerto Ricos ist ein gut erschlossener Naturpark. Auf Wanderpfaden kann man seine ganze Schönheit und Vielfalt erleben (Seite 87)

★ **Hope Town**
Rosa Fassaden und tropische Gärten, ein Leuchtturm, ein Hafen und ein Strand: das hübscheste Städtchen der Bahamas (Seite 91)

★ **Bootsfahrt auf dem Black River**
Auf dem längsten Fluss Jamaikas und durch den „Großen Morast" zu den letzten in Freiheit lebenden Alligatoren der Insel: Die Reptilien sind die Stars dieses Ausflugs – und sie hören fast aufs Wort (Seite 112)

WAS FÜR INSELN!

Firefly, Jamaika

> Große Antillen: Inseln der Sonne, Farbenvielfalt, Lebensfreude, Kontraste. Bilderbuchstrände mit Sonne und Palmen gibt es hier überall, die Tropennähe sorgt für ein ausgeglichen warmes Klima, die Passatwinde bringen eine leicht kühlende Brise. Hier finden Sie reiche tropische Vegetation an den Hängen schlafender Vulkane. Wasserfälle ergießen sich in smaragdfarbene Pools, türkis glitzernde Meeresbuchten laden zum Planschen ein. Versunkene Schiffe führen auf die Spuren der Freibeuter und Piraten: Beim Schnorcheln und Tauchen lässt sich manche abenteuerliche Geschichte erkunden.

> Die Sonne wie in den Tropen, grünblau schimmernde Gewässer, weiße Pudersandstrände, mit Zuckerrohr bepflanzte Hügel und immergrüne Regenwälder, das haben die größeren Inseln der nördlichen Karibik gemein. Kulturell teilen sich die Großen Antillen in mehrere Nationen: Kuba, die Dominikanische Republik und Puerto Rico sind so spanisch wie die Konquistadoren sie nach ihrer Entdeckung vor 500 Jahren geprägt haben, wenngleich Puerto Rico seit Ende des 19. Jhs. zu den USA gehört. Jamaika und die Cayman Islands zählen zum englischen Sprachraum – ebenso wie die geografisch eigentlich nicht zur Karibik gehörenden Bahamas –, während in Haiti Französisch gesprochen wird.

Für alle Inseln der Großen Antillen wie für die Bahamas hat der Tourismus eine wichtige wirtschaftliche Bedeutung. Vor allem in Küstennähe gibt es große Hotelanlagen, ganze Urlaubspackages werden mitsamt Flug, Verpflegung und Unterhaltung oft zu Dumpingpreisen angeboten – ein nicht ausschließlich wünschenswerter Trend, der sich aus den USA hierher verbreitet hat. Daneben gibt es aber auch kleine, exklusive Hotels und preisgünstigere Guesthouses. Besonders Segler, Taucher und Surfer, Bergwanderer und Golfspieler werden begeistert sein vom vielfältigen Angebot auf den einzelnen Inseln. Wer sich für Architektur interessiert, wird sich die Kolonialbauten der Altstädte oder die Überreste alter Zuckerrohrplantagen ansehen.

Die Menschen, die auf all diesen Inseln leben, bilden ein buntes Völkergemisch: Hier finden sich die Nachfahren der afrikanischen Sklaven, der Einwanderer aus fast allen Ländern Europas, chinesischer, indischer und arabischer Arbeiter, von Süd- und Nordamerikanern und den ersten indianischen Einwohnern der Inseln. Religiöse, soziale, kulturelle oder politische Barrieren sind selten. Vielmehr respektiert man sich, und die Menschen aus ursprünglich unterschiedlichen Kulturen passen sich an, zumindest sprachlich: Der chinesische Händler spricht genauso Patois, die melodiöse Sprache Jamaikas, wie

> *Sonne und weiße Strände, Zuckerrohr und Regenwälder*

der seine Dreadlocks schüttelnde DJ oder die indische Krankenschwester. Viele Muslime gehen in die Kirche, wenn es keine Moschee gibt: Gottesdienst ist eben Gottesdienst. Gerade auf den englischsprachigen Inseln ist oft eine heitere Frömmigkeit anzu-

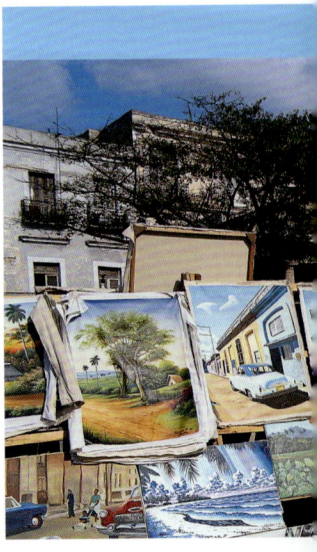

treffen. Drohende Moralpredigten des Pastors wechseln sich dort mit gut gelauntem Gospelgesang der Gemeinde ab – eher eine Party als eine ehrfürchtige Andacht.

Kuba (114 524 km^2) und Hispaniola (76 484 km^2) sind sich landschaftlich ähnlich. Beide Inseln sind geprägt durch eine Vielfalt aus sanft gewellten Gebirgen, kegelförmigen Bergen, Seen und Wasserfällen, Flussmündungen, Palmenhainen, Reis- und Zuckerrohrfeldern und haben dank ihrer Regenwälder eine üppige Vegetation. In Puerto Rico (8897 km^2) zieht sich die Cordillera Central in einer Berg- und Taltour quer durch die Insel. Entlang ihrem Rücken liegen moosbewachsene Hügel, Urwald breitet sich am manchen Stellen aus, tiefe Schluchten lassen grandiose Blicke auf das Meer zu. Mit dem Naturpark El Yunque besitzt Puerto

Rico den einzigen tropischen Regenwald der USA. Auf den weiten Ebenen im Tal prägen Ananasfelder das Landschaftsbild. Jamaikas Hinterland – die Insel ist 10 991 km^2 groß – wird beherrscht vom zerklüfteten Cockpit Country und von dem großteils bewaldeten Gebirgsmassiv Blue Mountains. Zuckerplantagen und Bananenhaine ziehen sich entlang der hügeligen Ebenen Richtung Küste. Nur die Cayman Islands (259 km^2) und die Inseln der Bahamas (13 939 km^2) sind flach und haben ein arides Klima. Hier wachsen Kakteen und Dornsträucher, Mangroven-

> **Die Menschen auf den Inseln bilden ein buntes Völkergemisch**

sümpfe säumen die Küsten. Die Naturparks beider Inselfamilien liegen eher unter Wasser: mit Sea Parks,

Kitsch und Kunst in Kuba: Plaza de Armas in der Altstadt von Havanna

WAS WAR WANN?

ab 1000 v. Chr. Erste Siedler: Arawaken und Kariben aus Südamerika

1492–94 Kolumbus landet 1492 auf Guanahani (vermutlich San Salvador, Bahamas); Entdeckung der Großen Antillen

16.–17. Jh. Piraten treiben ihr Unwesen

1629 Die Bahamas werden von England annektiert und ab 1648 besiedelt

17.–18. Jh. Engländer, Franzosen, Holländer und Dänen machen den Spaniern viele der Großen Antillen streitig

1783 Nach dem amerikanischen Unabhängigkeitskrieg siedeln Loyalisten (Anhänger des britischen Königshauses) mit ihren Sklaven auf den Bahamas

1804 Unabhängigkeit Haitis

1814/15 Verträge von Paris: Kuba, Puerto Rico und der Osten Hispaniolas bleiben bei Spanien, Jamaika und die Cayman Islands bei Großbritannien

1834–63 Briten, Franzosen und Holländer heben die Sklaverei auf

1898 Puerto Rico und Kuba gehen von Spanien an die USA

1901 Kuba wird unabhängig

1958–62 Unabhängigkeit Jamaikas

1959 Revolution in Kuba

1962 Kubakrise

1963–65 Putsch in der Dominikanischen Republik und militärische Intervention der USA

1973 Die Bahamas werden von Großbritannien unabhängig

1991 Putsch in Haiti

2007 Fidel Castro übergibt seinem Bruder Raul die Macht

Korallenriffen und Schiffswracks. Das subtropische Klima der karibischen Inseln sorgt im Sommer und Herbst für die meisten Niederschläge, obwohl sich die Temperaturen im Vergleich zu denen des Winters kaum ändern. Während dieser feuchtwarmen Regenzeit kann es vorkommen, dass der eine oder andere Hurrikan die Inseln auf seinem Weg Richtung Mittel- oder Nordamerika streift. Die Einwohner tragen dieses Phänomen mit Fassung: Fast routinemäßig werden Fenster und Türen verrammelt, und am Tag nach dem Sturm beginnen sogleich die Aufräumarbeiten.

Historische Gemeinsamkeiten der Großen Antillen und der Bahamas sind ihre „Entdeckung" im 15. Jh., die rücksichtslose Ausrottung ihrer indianischen Bewohner und die Sklavenhaltung, die den Inseln die Zuckerproduktion ermöglichte. Nachdem Kolumbus die Inseln in Besitz genommen hatte, blieben sie als Stützpunkte auf der Route zwischen Europa und dem amerikanischen Festland in spanischer Hand. Die reichen Silberfunde in Mittel- und Südamerika mussten in die Alte Welt befördert werden, und die Häfen von Havanna und San Juan boten Schutz vor den Engländern. Auf Hispaniola fand man Gold, das Glücksritter und Seeräuber anlockte. Schon im 17. Jh. kam Jamaika unter die Herrschaft der englischen Krone. Bei früheren Angriffen der Engländer war den Spaniern eine Anzahl afrikanischer Sklaven entkommen. Diese Maroons genannten Flüchtlinge verbargen sich im Landesinneren und führten immer wieder Kleinkriege gegen die Herren der Insel. Noch heute leben ihre Nachfahren im Cockpit Country.

> **Korallenriffe und versunkene Segelschiffe**

Anfang des 19. Jhs. setzte die Blütezeit der Inseln mit dem Handelspro-dentensessel zu kommen. Jamaika entwickelte sich in diesen schweren Zeiten zum Auswanderungsland. Viele Jamaikaner gingen nach Großbritannien, dessen Staatsbürgerschaft sie besaßen. Hispaniola ist zur Demokratie zurückgekehrt. Während die Dominikanische Republik mit Erfolg auf Massentourismus setzt,

Viel Arbeit für den blauen Dunst: Am Anfang steht das Tabakblatt

dukt Zucker ein. Der immense Reichtum kam freilich nur den Zuckerbaronen, einer kleinen Gruppe von Großgrundbesitzern, zugute. Als in den 1920er-Jahren der Zuckerpreis weltweit rapide fiel, verbreiteten sich Armut und soziale Not. Auf Kuba und Hispaniola entluden sich die Spannungen in Unruhen, deren Unterdrückung es machthungrigen Diktatoren leicht machte, auf den Präsi-kämpft Haiti noch mit bitterer Armut. Kuba hat sich seines Diktators mit Hilfe der Revolution Fidel Castros entledigt.

Erst seit den 1970er-Jahren haben die Großen Antillen und die Bahamas ihr Potenzial als Reiseziel entdeckt und genutzt. Seitdem boomt der Tourismus und ist für viele der Inseln die Einnahmequelle Nummer eins.

▶▶ TREND GUIDE GROSSE ANTILLEN

Die heißesten Entdeckungen und Hotspots! Unser Szene-Scout zeigt Ihnen, was angesagt ist

Paul Menta

ist Kiteprofi und in den Gewässern der Großen Antillen zu Hause. Am liebsten reitet er die Wellen in Cabarete in der Dominikanischen Republik. Wenn er nicht gerade einen Weltrekord im Kitesurfen aufstellt, trifft man unseren Szene-Scout beim Stand Up Paddle Surfing oder Free Diving. Was ihn an den Großen Antillen so fasziniert? Der Mix aus Insel-Lifestyle und südamerikanischem Flair.

▶▶ SCHICKE HANGOUTS

Stylish feiern

Coole Clubs und Lounges sprießen nur so aus dem Boden. Wichtig: eine gehörige Portion Style! Der *Grace Bay Club* auf den Turks & Caicos hat gleich zwei Hotspots: *The Lounge* ist eine hippe Strandoase im modernen Look mit exotischen Cocktails, die *Infinity Bar* hat die mit fast 30 m

längste Bar der Karibik: Aus schwarzem Marmor, führt sie vom Restaurant direkt ans Ufer (Providenciales, Grace Bay Beach, www.gracebayclub.com, Foto). Im schicken *Aura Beach House* trifft sich die Szene der Dominikanischen Republik und entspannt auf Day Beds im Wasser und am Strand (Calle Central, Juan Dolio, Tel. 526 23 19). Ebenfalls beliebt: Puerto Ricos In-Club *Brava* (San Juan Hotel & Casino, 6063 Isla Verde Ave., Carolina, www.babylonpr.com) und der *Club Envy* auf den Bahamas (Marlborough & West Bay St., Nassau, New Providence, www.clubenvybahamas.com).

SZENE

▶▶ KOCHKUNST

New World Cuisine in den In-Restaurants

Das Interior der neuen Restaurants ist reduziert, die Küche modern mit karibischen Einflüssen. So fusionieren lateinamerikanische, karibische und asiatische Gerichte, die wie kleine Kunstwerke angerichtet werden. Starköchin Norma Shirley kredenzt im *Norma's at the Marina* auf Jamaika Gourmetküche mit Blick auf den Kai, z. B. gegrillte Shrimps mit jamaikanischen Kräutern und Teriyaki-Sauce an scharfer Mango-Salsa *(Port Antonio Marina, Port Antonio, www.normasatthemarina.com, Foto)*. Im stylishen Ambiente des *Koco (1660 Isla Verde Ave., Carolina, www.oofrestaurants.com)* in Puerto Rico kommen außergewöhnliche Kreationen wie gebratener Heilbutt mit Curry-Kokosnuss-Risotto auf den Teller. Die *Pravda Sushi Bar & Lounge* ist bekannt für ihre asiatischen Köstlichkeiten mit peruanisch-dominikanischem Touch und das beste Sushi der Karibik *(Roberto Pastoriza #110 Naco, Santo Domingo, Dominikanische Republik, www.pravdasushi.com)*.

▶▶ HEISSE MODE

Caribbean Fashion

Nicht erst seit Oscar de la Renta, der aus Santo Domingo stammt, ist die Karibik ein Geheimtipp für lässige Fashion vom Feinsten. Kein Wunder, dass sich immer mehr junge karibische Designer auf dem Markt etablieren. Celebs wie Anna Kournikova und Kim Kardashian sind verrückt nach den Schmuckkreationen von Erika Peña *(www.erikapena.com)*, die man im Laden von Stardesignerin Lisa Cappalli in San Juan shoppt *(206 O'Donnell St., Puerto Rico, www.lisacappalli.com)*. Für die hippen Streetwear-Kollektionen ließ sich das jamaikanische Label *Cooyah* von der Reggaekultur inspirieren *(96 Hope Rd., Kingston 6, www.cooyah.com, Foto)*! Zum Get-together trifft sich die Modeszene auf der *Caribbean Fashion Week (www.caribbeanfashionweek.com)* in Jamaika.

▶▶ WIND & WELLEN

Ran an die Drachen!

Die Inseln sind ein Mekka für Kiter. In der Dominikanischen Republik ist Cabarete die Top-adresse. Man trifft sich am Kite-beach oder lässt sich von den Kitelehrern der *Kite Lounge* die besten Turns beibringen (*Carretera Sosúa Cabarete 10.5 km Cabarete, Puerto Plata, www.kitelounge.com*).

Auf Puerto Rico wird im *Kitehouse (La Parguera)* von Kiteguru Paul Menta trainiert, gefeiert und übernachtet. Profis üben ihre neuen Moves, Anfänger kön-nen in den Lifestyle eintauchen und sich die Tricks bei den Cracks abschauen oder Kurse machen. Ganz neu ist der Ableger in den Turks & Caicos (*Grace Bay Beach, Providenciales, beide www.thekitehouse.com, Foto*). Cross-Shore auf den Bahamas organisiert Kitetrips zu verschiedenen Inseln (*Nassau, New Providence, www.cross-shore.com*).

▶▶ IM WELLNESSHIMMEL

Außergewöhnliche Anwendungen

In den schicken Spas dreht sich alles um Schoko-lade und Co. Der Blue Mountain Coffee Scrub im *Rockhouse Spa* auf Jamaika mit Kaffee, Orange, Zimt, Muskat, braunem Zucker und einem Hauch Vanille entgiftet und peelt die Haut (*West End Rd., Negril, www.rockhousehotel.com*). Das Sweet Temptation Ritual im *Nouvelle D'Spa*, Puerto Rico, beinhaltet eine entspannende Massage mit wei-ßer Schokoladencreme, Mangobutter und Vitamin E sowie ein Peeling mit weißem Schokosalz und Orangen-Zimt-Öl (*Andalucia #701, Puerto Nuevo, San Juan, www.nouvelledspa.com*). Der Hit im neu-en, stylishen *Mandara Spa (1 Casino Dr., Nassau, Paradise Island, www.mandaraspa.com*) im *The Cove Atlantis* auf den Bahamas ist der Exotic Lime and Ginger Salt Glow. Ebenfalls beliebt ist der Pina Colada Scrub im schicken *Yarari Spa* im *Agua Resort & Spa* in der Dominikanischen Republik (*Uvero Alto, Punta Cana, www.aguaresort.com, Foto*).

▶▶ ECO-TOURISM

Reisen mit Gewissen

Das Bewusstsein für Umwelt und Nachhaltigkeit nimmt zu. Hotels und Tourveranstalter erkennen die Zeichen der Zeit und setzen auf Ökotourismus. Das *Jake's Resort* am entlegenen Treasure Beach in Jamaika setzt auf Solarenergie und bezieht Bioprodukte von Farmen, die nicht mehr als 15 Meilen entfernt liegen *(Calabash Bay, Treasure Beach, St. Elizabeth, www.jakeshotel.com)*. Auch die Dominikanische Republik zieht mit: Bei den Angeboten von *Eco Lodge & Tours* stehen Nachhaltigkeit, Kultur und Tradition im Vordergrund. Bei der „Wanderer-Tour" z. B. besucht man den Ort Majagua und lernt viel über die Lebensweise der Einheimischen *(Vista del Valle, www.bavaroecotours.com, Foto)*.

▶▶ FILM AB

Hollywood oder Karibik?

Die Filmbranche boomt: Die Inseln entwickeln eine eigene Filmszene und fördern den Nachwuchs wie Storm Saulter, einen jungen Filmemacher aus Jamaika, der mit seinem zweiten Film *Better Mus' Come* von sich reden macht. Das *Flash Point Film Festival* auf Jamaika bietet aufstrebenden Künstlern der digitalen Filmindustrie eine Plattform. Gezeigt werden Musikvideos, Videokunst, Kurz- und Trickfilme *(www.flashpointfestival.com)*. Indie-Produktionen flimmern regelmäßig im *Fine Arts Cinema* über die Leinwand *(654 Avenida Ponce de León, San Juan, Puerto Rico)*. Die Topevents: das *Dominican International Film Festival (www.dominicaninternationalfilmfestival.com)* in der Dominikanischen Republik und das *Festival Internacional del Nuevo Cine Latinoamericano* auf Kuba *(www.habanafilmfestival.com, Foto)*.

▶▶ ZIPLINES

Spaß in den Baumwipfeln

Der neue Abenteuersport heißt *Ziplining:* An einem Stahlseil hängend saust man von Baum zu Baum und über Flüsse. So lernt man alles über Flora und Fauna. Das Nature Adventure bucht man telefonisch oder im Internet bei *La Marquesa Canopy Tours* in Puerto Rico *(Guaynabo, Tel. 789 15 98, www.canopytourpr.com)* und *Bavaro Runners (Km 2 Carretera Veron-Bavaro, Punta Cana, www.bavarorunners.com, Foto)* in der Dominikanischen Republik.

> KORALLEN, LIMBO UND VOODOOKULT

Natur und Kultur auf den Inseln sind vielfältig – ein paar Begriffe zum Kennenlernen

ARCHITEKTUR

Pastellfarbene Holzhäuschen, die sogenannten „Gingerbreadhouses", finden sich überall in der Karibik, egal ob auf den englisch-, französisch- oder spanischsprachigen Inseln. Daneben gibt es die Prachtbauten der Kolonialherren: Stadtpalazzi im spanischen Stil des 16. und 17. Jhs., mit kunstvoll verzierten Arkaden, Säulen, Balkonen und verwunschenen Innenhöfen, sind vor allem in den Altstädten von Havanna, Santo Domingo und San Juan zu finden. Sehenswert sind auch die Herrenhäuser der Zucker- und Kaffeeplantagen.

DIKTATOREN

In der jüngeren Vergangenheit der Großen Antillen gibt es einige Namen, die den Bewohnern der Inseln noch heute kalte Schauer den Rücken

Bild: Dominikanische Republik, Puerto Plata, Parque Central mit der Kirche San Felipe

STICH WORTE

hinunterlaufen lassen. Die Dominikanische Republik, Haiti und Kuba haben unter Diktatoren gelitten, wie sie die Welt nur selten gekannt hat: Fulgencio E. Batista auf Kuba, Rafael Leonidas Trujillo y Molina in der Dominikanischen Republik und die Duvaliers – „Papa Doc" und „Baby Doc" – auf Haiti herrschten über ihre Völker mit Gewalt und Folter, ihre Regierungen zeichneten sich durch Korruption und Verschwen-

dung aus. Freiwillig verließen sie den Präsidentenstuhl nie, sie wurden durch Revolutionen aus dem Land gejagt oder fielen Attentaten zum Opfer. Vergessen hat man sie aber bis heute nicht.

FAUNA

Die karibischen Inseln und die Bahamas sind Tummelplätze für Vogelkundler, Insektenliebhaber und alle, die sich für die Unterwasserwelt interessieren. Kolibris schwirren von Blüte zu Blüte, in den Wäldern leben seltene Papageienarten (wie die Puerto-Rico-Amazone, der grüne Papagei La Cotica in der Dominikanischen Republik oder der Tocororo auf Kuba). Aber auch Flamingos, Reiher und andere Wasservogelarten kommen in Sumpfgebieten und in Küstennähe vor. Krokodile, Wasserschildkröten, Leguane und Eidechsen sind neben Schlangen die am häufigsten vertretenen Reptilien, und Korallenriffe bieten Lebensraum für die unterschiedlichsten Tropenfische. Oft zu beobachten sind auch Wale, Delphine und Manatis (Seekühe). Zu den Landsäugetieren gehören eher die kleineren Spezies wie Fledermäuse, Mungos und Baumratten.

FLORA

In den Regenwäldern der Inseln vulkanischen Ursprungs wachsen tropische Pflanzen verschiedenster Art. Farne, Bromelien, Palmen, Philodendren, Bambus, Orchideen und Epiphyten – Pflanzen, die auf anderen Pflanzen wachsen, sich aber selbstständig ernähren – sind nur einige der immergrünen Vertreter. In den Gärten und Parks blühen je nach Saison leuchtend rote Flamboyantbäume, gelbe und violette Bougainvilleen, Frangipani (Westindischer Jasmin) und Hibiskus. In der Landwirtschaft werden Nutzpflanzen wie Bananen, Kaffee, Kakao, Brotfrucht, Mango, Zuckerrohr und Ananas angebaut sowie alle erdenklichen Gewürze (Muskat, Ingwer, Nelken, Zimt, Chili, Tamarinde u. a.). Auf den Cayman Islands finden sich unter anderem Mahagonibäume, Bromelien und verschiedene Orchideenarten.

HAITI

Haiti gehört zu den ärmsten Ländern der westlichen Hemisphäre. 75 Pro-

Korallenriffe mit ihrer reichen Farben- und Formenwelt sind faszinierend

zent aller Menschen dort leben unter der absoluten Armutsgrenze. Nicht nur politische Unruhen, bei denen Korruption, Angst und Gewalt im Vordergrund stehen, auch die klimatischen Bedingungen (zwei Regenzeiten im Jahr, Hurrikane, Erdbeben) ermöglichen der Landbevölkerung kaum ein Überleben. Als Touristenziel bietet sich Haiti also auf längere Zeit nicht an. Es wird aus diesem Grund im Regionenteil dieses Reiseführers nicht beschrieben.

HAMACA

So lautet die indianische Bezeichnung für eine Schlafmatte, die zwischen zwei Bäumen aufgehängt wird. Der indianische Name ist mit dem Gegenstand zusammen von Seeleuten nach Europa gebracht worden, im Englischen ist daraus *hammock* geworden. Die Deutschen haben daraus das nahe liegende Wort „Hängematte" gemacht, sodass der Ursprung kaum noch zu erahnen ist.

INDIANER

Indianer heißen sie nur aufgrund eines Missverständnisses. Kolumbus, der einen westlichen Seeweg nach Indien suchte, glaubte in den karibischen Inseln einen Indien vorgelagerten Archipel entdeckt zu haben. Folgerichtig mussten die Bewohner der Inseln Inder sein. Noch heute haben Engländer und Amerikaner keine unterschiedlichen Bezeichnungen für die Bewohner Indiens und die Ureinwohner der Neuen Welt, weshalb sie zu der Verdeutlichung „Red Indians" für die Prärieindianer genötigt

sind. Die Indianer, die Kolumbus und seine Nachfolger auf den Inseln der Großen Antillen vorfanden, waren aus Südamerika über die Inseln der Kleinen Antillen eingewandert. Siboney, Arawaken und zu deren Stamm gehörende Taino wurden von den Spaniern gnadenlos als Heiden verfolgt, versklavt und in den Minen und auf den Plantagen als Zwangsarbeiter missbraucht. Da sie zudem kaum über Widerstandskräfte gegen die eingeschleppten europäischen Krankheiten verfügten, starben sie bald, und ihr Bevölkerungsanteil auf den Inseln verringerte sich stark.

JESUITEN

Die Jesuiten waren bis zum Verbot ihres Ordens im 18. Jh. in den spanischen Kolonien eine wichtige gesellschaftliche Institution. Ihnen oblag nicht nur die geistliche Betreuung der Kolonisatoren – oft waren die Beichtväter der Gouverneure und ihrer Familien Jesuiten –, in ihren Händen lag meist auch das Erziehungssystem auf den Inseln. Von ihrer Macht und ihrem Reichtum zeugen noch heute Sakralbauten auf Kuba und in der Dominikanischen Republik.

KOLUMBUS

Christoph Kolumbus war der erste europäische Tourist in der Karibik. Heute wissen die Lokalpatrioten auf jeder Antilleninsel stolz zu berichten, wann und auf welcher seiner Reisen Colón (so die spanische Fassung seines Namens) sie entdeckt oder gesichtet habe. Historisch gesichert ist das keineswegs – das Bordbuch, die Augenzeugenberichte und die Karten des Entdeckerzeitalters sind nicht immer zuverlässige Quellen. Aber vielleicht ist es ja auch nicht ganz so wichtig.

KORALLEN

Die grandiose Unterwasserwelt der Karibik besteht, ganz prosaisch, aus den Kalkskeletten der Korallenpolypen. Die höchstens 1 cm langen Tierchen errichten Schicht für Schicht die größten von Lebewesen geschaffenen Bauwerke der Erde, die Riffe. Dazu benötigen sie konstante Wassertemperaturen zwischen 20 und 30 Grad, viel Licht und vor allem Zeit. Durchschnittlich 1 cm im Jahr wachsen die Formationen durch Kalkablagerungen der Polypen. Eines der eindrucksvollsten Korallenriffe der Bahamas hat sich an der Ostküste der Insel Andros entwickelt.

LIMBO

Wenn Sie mutig sind, versuchen Sie sich einmal an dieser akrobatischen Tanzübung, die zu den beliebtesten Touristenattraktionen der Großen Antillen gehört. Mit weit zurückgelegtem Oberkörper winden sich die Tänzer unter einer Latte hindurch, die nach jedem Durchgang etwas tiefer gelegt wird.

MUSIK

Von den Großen Antillen aus haben viele Musikrichtungen und Tänze die Welt erobert: Aus Puerto Rico stammt die Salsa, aus Kuba kommen die Rumba und der Cha-Cha-Cha, aus Jamaika der Ska, Reggae, Soca und das, was als Calypso bekannt geworden ist. In der Dominikanischen Republik ist der Merengue zu Hause. So unterschiedlich diese Musikrichtungen auch sein mögen, sie haben unverkennbar Gemeinsamkeiten: In ihnen mischen sich auf immer neue Art afrikanische Rhythmen mit europäischen Traditionen, oft mit einem kräftigen Schuss nordamerikanischer Popmusik versetzt.

RASTAFARIANS

Sie leben auch in europäischen und nordamerikanischen Metropolen: die Rastafarians mit ihren langen, in verfilzten „Dreadlocks" herabhängenden Haaren. Und ihre Musik, der Reggae, ist um die Welt gegangen, gespielt von großen Stars der Popmusik wie Bob Marley und den Wailers oder Peter Tosh. Aber entstanden ist ihre Religion auf Jamaika, aus Jamaika stammt der Reggae, hier ringelten sich die Dreadlocks zuerst.

Der Begriff „Babylon" fasst für die Rastafarians alles Weltliche, Verdorbene und Sündige zusammen, den Staat und die etablierte Kirche, kurz alles und jeden, das oder der nicht dem allein selig machenden Glauben an Haile Selassie Ras Tafari, den „Löwen von Juda" und einstigen Kaiser von Äthiopien, angehört.

SKLAVEN

Da die Indianer sich den Belastungen durch die Zwangsarbeit für die Kolonialherren kaum gewachsen zeigten, kamen die Europäer in der Karibik bald auf die Idee, Sklaven aus Afrika zu importieren. Die dort gekaufte oder geraubte „Menschenware" musste nach der schreckensvollen Atlantiküberquerung auf den Zuckerrohrplantagen unter furchtbaren Bedingungen arbeiten. Ihre Besitzer waren üblicherweise nur daran interessiert, den Anschaffungspreis

VOODOO

Wie auf fast allen Inseln der Karibik haben sich auch auf den Großen Antillen afroamerikanische Religionen herausgebildet. In ihnen ist der Geisterglaube der afrikanischen Sklaven eine enge Verbindung mit dem Christentum eingegangen. Am bekanntes-

Nächtlicher Voodoo-Tanz in der Dominikanischen Republik

möglichst schnell in Form von Arbeitsleistung wieder hereinzubringen. So betrug die Lebenserwartung eines Sklaven nach seiner Ankunft auf der Plantage nur zehn Jahre, dann wurde Ersatz gekauft.

Es entstand ein ungeheurer Bedarf an Sklaven: Im Zeitraum von 1518 bis 1870 wurden schätzungsweise über 15 Mio. Afrikaner in die Neue Welt verschleppt.

ten ist die haitianische Form, die als Voodoo oder Vaudau bezeichnet wird. Bei allen Formen ist der Glaube an mächtige Geister verbreitet, verbunden mit der Hoffnung, diese Geister durch die Fürsprache eines Zauberkundigen zu eigenen Gunsten zu beeinflussen. Diese Geister tragen sowohl Züge afrikanischer Gottheiten als auch der christlicher Heiliger, der Madonna oder der Erzengel.

TEUFELSMASKEN UND MERENGUE

Auf allen Inseln, ob Große Antillen oder Bahamas, gibt es jede Menge Festivals – und überall wird Karneval gefeiert

> Neben diversen Musikfestivals ist der festliche Höhepunkt in der Karibik der Karneval. Jede Insel feiert ihn zu einer anderen Jahreszeit und auf ihre eigene Weise. Das Motto der Verkleidungen geht vielfach auf den afrikanischen Ursprung der Bevölkerung bzw. Legenden aus der Sklavenzeit zurück – beliebt sind Teufels- und Dämonenmasken.

FEIERTAGE

1./2. Jan. *Tag der Befreiung (Kuba);*
6. Jan. *Fiesta de la Epifania (Dom. Republik);* **11. Jan.** *Geburtstag Eugenio Maria de Hostos (Puerto Rico);* **26. Jan.** *Ehrentag Juan Pablo Duartes (Dom. Republik);* **6. Feb.** *Bob Marley Birthday Bash (Jamaika);* **22. März** *Tag der Sklavenbefreiung (Puerto Rico);* **16. April** *Geburtstag José de Diegos (Puerto Rico);* **1. Mai** *Tag der Arbeit (Kuba);* **18. Mai** *Discovery Day (Cayman Islands);* **23. Mai** *Labour Day (Jamaika);* **4. Juli** *Unabhängigkeitstag (Puerto Rico);* **10. Juli** *Independence Day (Bahamas);* **6. Aug.** *Independence Day (Jamaika);* **24. Sept.**

Nuestra Señora de las Mercedes (Dom. Republik); **12. Okt.** *Descubrimiento de América (Dom. Republik);* **16. Nov.** *Tag der Entdeckung (Puerto Rico)*

FESTE UND VERANSTALTUNGEN

Januar
Maroon Festival in Jamaika: großes Straßenfest in Accompong (6./7. Jan.)

Januar/Februar
Karneval in der Dominikanischen Republik, Auftakt in Santo Domingo (28. Jan.)

März/April
Semana Santa in der Dominikanischen Republik: Prozessionen von Gründonnerstag bis Ostermontag

April
⭐ *Jamaica Carnival:* Calypso- und Soca-Wettbewerbe, Maskeraden und Tanz (Anfang April). *www.jamaica carnival.com*

Aktuelle Events weltweit auf www.marcopolo.de/events

> EVENTS
FESTE & MEHR

Family Island Regatta: Segelwettbewerb gegen Ende des Monats in George Town, Exuma (Bahamas)
Karneval in Puerto Rico

Ende April/Anfang Mai
International Fishing Tournament: Angelwettbewerbe vor den Cayman Islands

Mai
Cayman Islands Carnival Batabanas: Steelbands, Soca-Musik, Straßenparaden, Tanz (1.–4. Mai)

Juni
Ocho Rios Jazz Festival Jamaika: eine Woche lang Jazz aus aller Welt (erste Monatshälfte). *www.jamaicaculture. org/jazz*

Juli
Reggae Sumfest Jamaika: fünf Tage Open-Air-Festival in Montego Bay. *www.reggaesumfest.com*
⭐ *Karneval* in Santiago de Cuba: Straßenumzüge und Musik (Ende Juli)

Juli/August
⭐ *Merengue-Festival* in Santo Domingo mit Tanz und Spiel, vielen Imbissständen und Kunstgewerbe
Junkanoo Summer Festival: freitags oder an Wochenenden Livemusik und Straßenkarneval auf den Bahamas
Karneval in Havanna (Kuba)

August
Fox Hill Festival: Anfang des Monats Partys, Musik und Paraden zur Feier der Sklavenbefreiung im alten Schwarzenviertel von Nassau (Bahamas)

Insider Tipp

Festival Teatro de la Habana: Theateraufführungen (Ende Aug.–Anfang Sept.)

November
Guy Fawkes Day: nächtliche Paraden in Nassau (Bahamas)

Dezember
⭐ *Junkanoo:* am 26. Dez. und zu Neujahr von den frühen Morgenstunden an Paraden, Bands und Tanz auf den Bahamas

> DIE KREOLISCHE KÜCHE IST EIN TRAUM

Vor allem Freunde von Fisch und frisch zubereiteten Gerichten werden sie genießen

> **Essen auf den Großen Antillen, das birgt in sich Gegensätze, wie sie sich größer kaum denken lassen.**

Auf der einen Seite die Küche der renommierten Hotels und der Spitzenrestaurants: teuer, erlesen und fast immer international ausgerichtet. Auf der anderen Seite die Küche des Volkes: preiswerte und leicht erhältliche Zutaten, bodenständige Rezepte. Es ist zwar Fastfood amerikanischer Herkunft – Hamburger aus südamerikanischen Tiefkühltruhen und US-amerikanische Sesambrötchen – zu finden. Aber vor allem die einheimischen Köche verarbeiten frische Zutaten aus dem Meer und von den umliegenden Inseln. Urlauber sollten sich die Gelegenheit nicht entgehen lassen, auch einmal außerhalb des Hotels zu speisen. Dann besteht die Chance, inseltypische Gerichte in ihrer Originalform zu kosten. Im Hotel sind sie meist dem amerikanischen

Bild: Jerk Chicken

ESSEN &
TRINKEN

oder europäischen Geschmack ange-
passt. Und die kreolische Küche ist –
auf jeder Insel der Großen Antillen –
ein kulinarisches Erlebnis.

Die kreolische Küche ist auf allen
Inseln ähnlich. Wenn Sie Langusten
und Garnelen, Thunfisch und Bras-
sen schätzen: Fisch und Meeresgetier, frisch gefangen, stehen fast immer auf der Speisekarte. Und als Bei-
lagen gibt es tropische Gemüse- und
Obstarten, die zu Hause oft über-

haupt nicht oder nur zu hohen Preisen erhältlich sind, wie Kochbanane
und Brotfrucht, Cassava und Yams.
Und mit den Gewürzen geht es weiter: Auf den Großen Antillen wird
gern scharf gegessen und kräftig ge-
würzt, in vielen Gerichten findet man
Zwiebeln, Chili, Knoblauch, Paprika,
Ingwer, Muskat oder Piment.

Und dennoch unterscheiden sich
die Inseln in ihrer Küche voneinan-
der. Das kommt sehr gut bei den be-

liebtesten Gerichten zum Ausdruck, die von Insel zu Insel verschieden sind. Die Küchen Puerto Ricos, der Dominikanischen Republik und Kubas weisen mehr Gemeinsamkeiten auf – hier zeigt sich das spanische Erbe. So begegnet Reisenden auf allen drei Inseln eine Vorliebe für Süß-

speisen, die auch die Spanier haben. Beliebte kubanische Gerichte sind *moros y cristianos* (Mohren und Christen), ein Reisgemisch mit Bohnen, und der Rinderhackbraten *picadillo*. Jamaikas „Nationalgerichte" sind *jerk chicken* oder *jerk pork, saltfish with ackee* und, für zwischen-

> SPEZIALITÄTEN
Genießen Sie die typisch karibische Küche!

asopao – Reisgericht mit Fleisch, Fisch oder Meeresfrüchten

bacalaitos – frittierte Kabeljaustücke

bacalao – getrockneter und gesalzener Kabeljau (Stockfisch)

la bandera – Reiseintopf mit Bohnen und geschmortem Fleisch

boil fish – Fischsuppe mit Pökelfleisch, Zwiebeln und Chilis

chicharrones – frittierte Schweineteile mit grüner Banane

clam/seafood chowder – sämige Muschel-/Fischsuppe

conch fritters – kross gebratene, scharf gewürzte Streifen der bahamaischen Meeresschnecken (als Vorspeise)

duckunoo – Süßspeise mit Kokosnuss und Gewürzen

empanadillas – Teigtaschen, mit Meeresfrüchten oder Rindfleisch gefüllt (Foto)

escoveich fish – sautierter Fisch in einer säuerlichen Sauce aus Gemüse, Gewürzen und Essig

fish tee – Fischsuppe

jerk pork/jerk chicken – scharf gewürztes, gegrilltes Hähnchen- oder Schweinefleisch

johnny cake – ausgebackenes Teiggebäck (Beilage zu Fleisch und Fisch); auf den Bahamas: süßes Maisbrot

locrio – Reisgericht mit Fleisch und Gemüse

mofongo abreu – Bananenbällchen in Hühnerbrühe

patty – mit gewürztem Hackfleisch oder Fisch gefüllte Teigtasche

pescado con coco – Fisch in Kokosmilch

ropa vieja – faseriges Rindfleisch in würziger Sauce und Reis

rundown – in Kokosmilch gegartes, kräftig gewürztes Fischgericht

saltfish with ackee – Stockfisch mit nach Rührei schmeckendem Gemüse

sancocho – Fleisch-Gemüse-Eintopf mit Kartoffeln und Mais

sofrito – Schweinepökelfleisch mit Gemüse, Gewürzen und Schinken

souse – eine Art Blutwurst in einer Sauce aus Zitronensaft, Gurke und Paprika

durch, *patties.* In der Dominikanischen Republik empfehlen sich der Eintopf *sancocho* und das Reisgericht *la bandera.* Auf Puerto Rico ist das risottoartige *asopao* ein Muss, Snacks sind *empanadillas* und die an die *patties* erinnernden *tacos.* Auf den Cayman Islands gibt es eine Farm, in der Schildkröten kommerziell gezüchtet werden – auf einheimischen Speisekarten wird ihr Fleisch als Suppe oder Steak angeboten.

Auf den Bahamas ist von der Vielfalt der kreolischen Küche nichts zu merken: Hier wird einfach und bodenständig gekocht – vieles bedauerlicherweise auch frittiert – und der Fisch zu Eintopfsuppe verarbeitet. Doch keine Angst, in Nassau, Freeport und in allen besseren Resortanlagen kommt internationale Küche auf den Tisch, oft mit tropischen Früchten und karibischen Gewürzen verfeinert. Wer Süßes liebt, sollte *guava duff* (Pudding aus Guaven mit Rumsauce) oder *coconut jimmy* (süße Klöße in Kokossauce) bestellen.

Die Getränkewahl auf den Großen Antillen ist vom Klima bestimmt. Fruchtsäfte sind tagsüber gute Durstlöscher, Mineralwasser ist nicht immer zu haben. Eisgekühltes einheimisches oder importiertes Bier dagegen ist überall erhältlich. Das jamaikanische *Red Stripe* gehört für viele Europäer zu den Lieblingsbieren. In besseren Restaurants und Hotels bekommen Sie nicht nur trinkbare italienische und französische Landweine, sondern mitunter Spitzenerzeugnisse europäischer oder kalifornischer Anbaugebiete. Auf den Bahamas können Sie sich mit *Kalik Beer,* dem einheimischen Bier der

Bahamas, erfrischen – oder mit *Bahama Mama,* einem Mixdrink aus Kokosschnaps, Ananas- und Orangensaft sowie Grenadine und Nassau Royale.

Köstlich: ein karibischer Fruchtcocktail

Auf allen Inseln der Großen Antillen gibt es eigene Rumsorten. Der jüngere, weiße Rum ist die ideale Grundlage für Cocktails aller Art. Einige der großen klassischen Cocktails werden auf der Basis von karibischem Rum gemischt (und karibisch heißt in diesem Fall meist kubanisch oder puerto-ricanisch): Daiquiri, Mojito, Planter's Punch, Mai Tai oder Cuba Libre. Aber auch der ältere, braune Rum ist eine Delikatesse: Den *Añejo,* den „Alten", wie er meist genannt wird, sollten Sie auf jeden Fall einmal pur probieren.

INSELN ZUM SHOPPEN

Rum, Kaffee und Zigarren, Reggae, Strohhüte und Schmuck – und für zu Hause eine Hängematte

> Auf den Großen Antillen zählen als Mitbringsel an erster Stelle zwei Genussmittel: Tabak und Rum. Aber es gibt noch viele andere schöne Souvenirs. Zum Beispiel sind in Puerto Rico Hängematten in allen Farben und Variationen erhältlich. Und der Vielfalt der T-Shirts mit Aufdruck sind auf allen karibischen Inseln keine Grenzen gesetzt.

MÄRKTE

In Jamaika kann man auf den sogenannten *craft markets* fündig werden. Holzschnitzereien, Rasta-Outfits wie Häkelmützen in Rot-Gelb-Grün, aber auch Kaffee, Gewürze, Saucen und Chutneys sind beliebte Souvenirs. *Straw Markets* sind auf den Bahamas die traditionellen Verkaufsstellen für heimische Produkte: Gewürze, aus Stroh oder Palmblättern geflochtene Hüte und Taschen, Keramik und anderes Kunsthandwerk wird an einzelnen Ständen angeboten. Handeln ist hier Pflicht. Und mit etwas Einsatz bekommen Sie günstig einen originalen Bahamas-Strohhut, der Ihnen schon im

Urlaub gute Dienste tun wird. Ebenfalls hübsch sind die originellen, fröhlichen Sommerkleider aus Batikstoffen, die überwiegend auf der Insel Andros hergestellt werden.

MUSIK

Auf allen Inseln werden Musikkassetten und CDs der jeweils angesagten Stars angeboten. In Jamaika sind es Dance Hall, Reggae und Raggamuffin, original z. B. von Buju Banton, Bounty Killer oder Lady Saw, oder von DJs zum Sound-Select zusammengestellt. In der Dominikanischen Republik lohnen Merengue und Bachata sowie Discs von Juan Luis Guerra und Luis Segura einen Blick in die Plattenläden. Die heißesten kubanischen Rhytmen werden derzeit von Adalberto Alvarés produziert, und Puerto Rico bietet mit Tego Calderon und Daddy Yankee Rap und Reggae vom Feinsten. CDs und Kassetten werden überall verkauft, nicht nur in Musikläden. Jeder Souvenirladen hat ein Angebot an angesagten Scheiben, oftmals

> EINKAUFEN

natürlich Raubkopien, deren Qualität meist nur mäßig ist.

RUM

„And the rum is fine any time of the year": Jede Insel hat ihre eigenen, mehr oder weniger bekannten Marken. Aus Puerto Rico stammt der Bacardi, aus der Dominikanischen Republik der Brugal, aus Kuba kommt der Havanna Club, auf Jamaika wird Myer's gebrannt, aber immer gibt es daneben unbekannte Destillate, die ein Probetrinken reich belohnen.

SCHMUCK & MÜNZEN

In der Dominikanischen Republik lohnt sich ein Blick in die Schmuckgeschäfte, um sich Bernstein- und Larimarfassungen anzusehen. Auf den Cayman Islands können Sie aus Schiffswracks geborgene Gold- und Silbermünzen (zumeist echt und mit Zertifikat) erstehen.

ZIGARREN

Kuba ist die Heimat der weltberühmten Havannazigarren. Zwar sagen manche Kenner dem kommunistischen Regime nach, die Qualität der kubanischen Zigarren habe sehr nachgelassen, aber es gibt auch Zigarrenfreunde, die behaupten, selbst schlechtere Havannas seien immer noch bessere Tabakwaren als alle anderen. Wie dem auch sei, Zigarrenraucher oder ihre Freunde wären schlecht beraten, die Insel zu verlassen, ohne mindestens eine Zedernholzkiste mit Montecristos oder Cohibas im Gepäck zu haben. Aber auch auf Jamaika und in der Dominikanischen Republik werden beachtliche Zigarren gerollt. Und die Marken dieser beiden Inseln zeichnen sich durch ein Preisniveau aus, das noch unter dem Kubas liegt.

WAS SIE NICHT KAUFEN SOLLTEN

Vorsicht ist beim Erwerb von Korallen und Conchs, den bahamaischen Meeresschnecken, geboten: Sie unterliegen dem Washingtoner Artenschutzabkommen und dürfen nicht nach Europa eingeführt werden.

> DIE INSEL DER REVOLUTION

Das ehemalige sozialistische Musterland fängt an, sich dem Westen zu öffnen

> **Kuba hat schwere Zeiten durchgemacht. Die Losung des alt gewordenen Fidel Castro, „Sozialismus oder Tod!", trifft bei seinen Landsleuten nicht mehr auf viel Gegenliebe.**

Nach dem Zusammenbruch der sozialistischen Staaten Osteuropas und dem Zerfall der Sowjetunion fand sich Castro als letzter Verteidiger des wahren Glaubens an die Lehren von Marx und Lenin wieder. Als die USA Anfang der 1990er-Jahre ihr Handelsembargo verschärften, erlebte Kuba seine schwerste Krise. Tausende von Kubanern flohen nach Florida. Dabei hatte alles lange Zeit so gut ausgesehen. Nach der Revolution machte Kuba enorme Fortschritte: Die landwirtschaftlichen Erträge wurden gesteigert, gleichzeitig wurde die Industrialisierung vorangetrieben. Am wichtigsten waren der Ausbau des Bildungs- und des Gesundheitswesens – auf diesen Gebie-

Bild: Kathedrale in Havanna

KUBA

ten steht Kuba heute als Vorbild für ganz Süd- und Mittelamerika da. Sicher hätte Kuba diese Leistungen nicht aus eigener Kraft finanzieren können. Dafür sorgte auch die Wirtschaftsblockade der USA, die der natürliche Absatzmarkt für kubanische Produkte gewesen wären. Ohne die Hilfe der UdSSR, die jahrzehntelang ihren Verbündeten in der Karibik massiv förderte, wäre dies alles nicht möglich gewesen.

Mit Unterstützung europäischer Staaten (Spanien, Frankreich, Italien), Kanadas und Mexikos haben Wirtschaft und Handel begonnen, sich zu reformieren und dem Westen zu öffnen. Natürlich hat die schlechte Versorgung der 1990er-Jahre tiefe Spuren hinterlassen, und infolge dieser Notlage haben sich Prostitution und Schwarzmarkthandel als einträgliche Devisenquellen erwiesen. In Havanna werden abbruchreife Häuser „besetzt", ganze Großfamilien bewohnen oft ein einziges Zimmer. Inzwischen hat der erkrankte Staatschef seinem Bruder Raul die Amtsgeschäfte übergeben, und es gibt vorsichtige Zeichen der Öffnung gegenüber den Vereinten Nationen.

CAMAGÜEY

[132 A2] Die Hauptstadt der gleichnamigen Provinz liegt inmitten der weiten, flachen Zentralebene Kubas, die sich hervorragend zur Rinderzucht und zum Zuckerrohranbau eignet. Ursprünglich wurde

Weite Zuckerrohrfelder prägen die Landschaft auf Kuba

Der Tourismus jedenfalls boomt. Kleine Hotels und Privatvermietungen, Restaurants, Shoppingzentren, Autovermietungen und auf Autoverleih spezialisierte Tourenvermittler ermöglichen es inzwischen auch Individualreisenden, die Insel zu erkunden. Nationalparks mit Wasserfällen und Seen, tropische Wälder, weiße Strände, sanft ansteigende Berge, eine vielfältige Tier- und Pflanzenwelt – die Insel hält weit mehr bereit, als ein All-inclusive-Urlaub nur erahnen lässt.

Ausführliche Informationen finden Sie im MARCO POLO „Kuba".

Camagüey, das heute 300 000 Einwohner zählt, weiter nördlich an der Küste gegründet – dort, wo sich heute noch das wichtige Fischereizentrum Nuevitas befindet –, doch wegen andauernder Piratenüberfälle wurde die Stadt ins Inland verlegt. Aber auch hier fühlten sich die Einwohner nicht sicher, vielleicht auch aufgrund der Erinnerung an die Vergangenheit. Jedenfalls legten sie ihre neue Stadt nach einem labyrinthischen Plan an, sodass ein Wirrwarr von kleinen Gassen und Plätzen noch heute das Bild der schönen kolonialen Altstadt bestimmt.

> **www.marcopolo.de/karibik-grosse-ant**

■ SEHENSWERTES ■

IGLESIA DE LA SOLEDAD

Die 1775 errichtete Kirche ist einer der herausragenden Sakralbauten auf Kuba. Sehen Sie sich vor allem die barocken Fresken im Inneren an. *Calle República/Calle Ignacio Agramonte*

MUSEO PROVINCIAL IGNACIO AGRAMONTE

In dem ehemaligen Garnisonsgebäude sind historische Objekte und Dokumente ausgestellt. Auch archäologische Funde aus der Indianerzeit sind zu sehen. *Di–Sa 10–17, So 8–12 Uhr | Eintritt 2 US$ | Ecke Avda. Los Mártires* und *Calle Ignacio Sánchez*

PARQUE AGRAMONTE

Die frühere Plaza de las Armas, der Exerzierplatz der Spanier, ist dem Gedenken an Ignacio Agramonte gewidmet. Er war Oberbefehlshaber der kubanischen Revolutionstruppen im Unabhängigkeitskrieg gegen die Spanier. In der Mitte des Platzes steht das Reiterstandbild des in Camagüey geborenen Agramonte. Die riesigen tönernen Amphoren, in denen die Einwohner der Stadt früher Regenwasser sammelten, heißen *tinajón*.

TEATRO PRINCIPAL

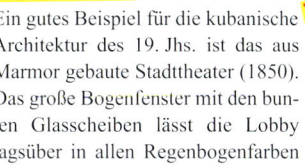

Ein gutes Beispiel für die kubanische Architektur des 19. Jhs. ist das aus Marmor gebaute Stadttheater (1850). Das große Bogenfenster mit den bunten Glasscheiben lässt die Lobby tagsüber in allen Regenbogenfarben erstrahlen. *Calle General Espinosa*

■ ESSEN & TRINKEN ■

LA CAMPANA DE TOLEDO

Spanisch-kreolische Spezialitäten in einem stilvoll eingerichteten Innenhof. Livemusik. *Plaza San Juan de Dios | Tel. 032/29 58 88 | €€*

■ ÜBERNACHTEN ■

ISLAZUL GRAN HOTEL

Das Haus wurde getreu seinem kolonialen Stil renoviert und verfügt über einen Swimmingpool. Das ☀ Restaurant im obersten Stock ist sehr gut. *72 Zi. | Calle Maceo 67 | Tel.*

MARCO POLO HIGHLIGHTS

032/29 20 93 | Fax 29 39 33 | *www.islazul.cu* | €

■ AM ABEND

Jeden Samstagabend gibt es eine *Noche Camagüeyana* entlang der *Republica* mit Straßenständen und Musik.

■ AUSKUNFT

CUBANACÁN
Galeria Colonial Calle Ignacio Agramonte | Tel. 032/29 49 05

CIENFUEGOS

[131 D4] **Cienfuegos (125 000 Ew.), die Stadt der „hundert Feuer", ist einer der wichtigen Industriestandorte an der Südküste Kubas.** Hier haben sich die von Fidel Castro eingeleiteten Entwicklungen am deutlichsten ausgewirkt, mit allen Vor- und Nachteilen einer forcierten Industrialisierung. So ist die Stadt heute der größte Zuckerverladehafen der Welt, hier wurden Raffinerien angesiedelt und ein Atomkraftwerk gebaut. Dennoch hat Cienfuegos seinen eigenen Charme, den wohl nur die Kombination von Industrie, Sozialismus, lateinamerikanischem Temperament und karibischer Sonne hervorbringen kann.

■ SEHENSWERTES

PARQUE MARTÍ
Der Park mit einem beeindruckenden Denkmal zur Gründung der Republik Kuba ist der eigentliche Mittelpunkt der Stadt.

TEATRO TERRY
Das 1889 entstandene und 1965 renovierte, neoklassizistische Theater ist das interessanteste Gebäude Cienfuegos. 1200 Besucher finden hier Platz. *Tgl. 9–18 Uhr | Eintritt 1 US$ | Avenida 56*

■ ESSEN & TRINKEN

CLUB CIENFUEGOS ✴
Das Kolonialgebäude von 1920 wurde kürzlich renoviert und erstrahlt jetzt in blütenweißer Pracht. Im Restaurant werden internationale Spezialitäten serviert, von der Terrasse aus blickt man weit über die Bucht. *Paseo del Prado | Tel. 0432/51 28 91 | €€€*

PALACIO DE VALLE ⭐
Arabische Architektureinflüsse in einem Herrenhaus aus dem 19. Jh. Die hervorragende Küche ist auf Meeresfrüchte (u. a. Hummer, Paella, verschiedene Scampivariationen) spezialisiert. *Neben dem Hotel Jagua | Calle 37 | Tel. 0432/55 12 26 | €–€€*

■ ÜBERNACHTEN

HOTEL JAGUA (GRAN CARIBE)
Das moderne Hotel mit Meerblick bietet einen Swimmingpool, ein Restaurant, eine Bar, eine Cafeteria und Kabarett. *147 Zi. | Calle 37 | Punta Gorda | Tel. 0432/55 10 03 | Fax 55 12 45 | www.gran-caribe.com | €€*

VILLA GUAJIMICO
Strandhotel mit idealen Tauchmöglichkeiten (Höhlen, Kliffs, Korallenriffe sozusagen vor der Tür). *54 Zi. | Carretera Trinidad | km 42 | Cumanayagua | Tel. 0432/42 54 09 46 | €*

■ AUSKUNFT

CUBATUR
Calle 37 | entre 54 y 56 | Tel. 0432/45 12 42 | www.cubatur.cu

■ ZIELE IN DER UMGEBUNG ■

BAHÍA DE COCHINOS   [131 D4]

Die rund 100 km westlich von Cienfuegos gelegene Schweinebucht erlangte traurige Berühmtheit als Schauplatz des misslungenen Invasionsversuchs von Exilkubanern im Jahr 1961. Heute ist der Bucht mit ihrem blauen Wasser nichts mehr anzumerken, sie ist ein beliebtes Ausflugsziel. Nur die Allee mit den Gedenksteinen für die Gefallenen und ein kleines Museum erinnern an die blutigen Kämpfe.

GUAMÁ   [131 D3]

Auf der Halbinsel Zapata, ca. 120 km westlich von Cienfuegos, befindet sich ein nachgebildetes Taino-Dorf mit Hütten und Pfahlbauten. Viele der Hütten werden an Urlauber vermietet. Der Ort ist mit dem Boot von der Anlegestelle Guamá zu erreichen. Besuchen Sie die Krokodilfarm, und trauen Sie sich ruhig, das angebotene Krokodilfleisch zu probieren.

JARDÍN BOTÁNICO   [131 D4] Insider Tipp

Über 2000 verschiedene Pflanzenarten – wie z. B. Orchideen, Bambus und Obstbäume – gedeihen auf dem Gelände des ehemaligen Zuckerrohr-Versuchsfeldes ca. 20 km östlich von Cienfuegos. Allein die Zahl der Palmenarten ist beeindruckend. *Tgl. 8 bis 17 Uhr | Eintritt 2,50 US$*

TRINIDAD ★   [131 E4]

Neben Havannas Altstadt ist Trinidad (36 000 Ew., ca. 60 km südöstlich von Cienfuegos) das schönste Beispiel der kubanischen Kolonialarchitektur mit Stadtpalazzi aus dem 16. Jh., roten Ziegeldächern und

Bezauberndes Ensemble spanischer Kolonialarchitektur: Trinidad

Einer von vielen in Havanna:
Oldtimer vor dem Capitolio Nacional

Kopfsteinpflasterstraßen. Ein Bummel durch die ruhigen Gassen führt von einem wohlerhaltenen Baudenkmal zum anderen. Besonders sehenswert ist das *Museo Romántico (Di–So 9–17 Uhr | Eintritt 2 US$ | Hernández 52)* mit seiner Sammlung, die altes Porzellan und Glas sowie antike Möbelstücke enthält. Im Restaurant *Colonial (Maceo 402 | esq. Colón | €)* kann man sich bei urigem Lokalkolorit von den vielen Eindrücken ausruhen. Die Bungalows ☀ *Las Cuevas (109 Zi. | Finca Santa Ana | Tel. 04/99 61 33 | Fax 996 16 | €)* liegen an einem Hang über der Stadt. Vom Pool aus sieht man auf die vorgelagerte Bucht. Zum Hotel gehört eine Höhlendisko *(ab 22 Uhr)* – eine Tropfsteinhöhle, die zu einer Merengue-und-Salsa-Bar umfunktioniert wurde.

HAVANNA

KARTE IN DER HINTEREN UMSCHLAGKLAPPE

[130 C3] Kubas Hauptstadt (ca. 3 Mio. Ew.) war und ist das Zentrum der Insel. Die Stadt – heute: Ciudad de la Habana – hieß früher San Cristóbal de la Habana und war ein bedeutender Warenumschlagplatz und Zwischenstopp für die zwischen Spanien und seinen Kolonien verkehrenden Schiffe, ihr Reichtum war bis weit ins 18. Jh. hinein sprichwörtlich. Von den 1920er-Jahren bis zur Revolution 1959 war Havanna das „Sündenbabel" der Karibik. Das Stadtbild ist von der politischen Wende geprägt: Hotels, Restaurants und Souvenirläden schießen förmlich aus dem Boden. Die wegen fehlender Mittel nur zaghaften Modernisierungsversuche haben Havanna das Schicksal erspart, das die meisten westlichen Großstädte ereilte: Es gibt keine Neonbeleuchtungen, keine Fastfoodketten und relativ wenig Autoverkehr – aber viel Nostalgie.

SEHENSWERTES

ALTSTADT VON HAVANNA ★

Die gesamte Altstadt Havannas *(Habana Vieja)* zählt zum Weltkulturerbe der Unesco. Zu den wichtigsten Sehenswürdigkeiten gehört das *Castillo de la Real Fuerza (Mo–Sa 8–18 Uhr | Eintritt 1 US$ | La Real Fuerza | Plaza de Armas),* das Stadt und Hafen vor Überfällen schützen sollte. Mit seinem Bau wurde 1558 begonnen. Das Castillo beherbergt ein Waffenmuseum und trägt auf einem seiner Türme die *Giraldilla* – eine Statue der Ehefrau des Gouverneurs Hernando de Soto –, die zum Wahrzeichen der Stadt geworden ist. [U F2]

Der *Palacio de los Capitanes Generales (tgl. 9.30–18.30 Uhr | Eintritt 3 US$ | Tacón 1)* diente früher den spanischen Generalkapitänen, den höchsten Repräsentanten der Kolonialmacht auf Kuba, als Regierungssitz. Eine ähnliche Funktion erfüllte er Anfang des 20. Jhs. auch für die US-amerikanische Besatzungsmacht, danach für verschiedene kubanische Präsidenten und die revolutionäre Stadtregierung von Havanna. Heute ist hier das Stadtmuseum untergebracht, das interessante Ausstellungen über die Vergangenheit und Gegenwart der Stadt zeigt. Die Statue im Hof stellt Kolumbus dar. [U F2]

Der wichtigste Sakralbau der Altstadt ist die *Catedral de San Cristóbal de la Habana* an der Nordseite der *Plaza de la Catedral.* Zwar ist sie das Prunkstück des Platzes, ein harmonisches Werk barocker Baukunst, aber die Gebäude an den drei anderen Seiten sind ebenfalls prachtvoll. [U F1–2]

CAPITOLIO NACIONAL [U E2–3]

Dieses Gebäude stammt nicht aus der Kolonialzeit, was man ihm auch deutlich ansieht. Als exakte Nachbildung des Capitols in Washington beherbergte es von seiner Einweihung 1929 bis zur Revolution die Parlamentskammern der kubanischen Volksvertretung. *Tgl. 9–19 Uhr | Eintritt 3 US$, mit Führung 4 US$ | Prado*

MALECÓN [U B–D1]

Die Uferpromenade ist ein beliebtes Ziel für Spaziergänger, Liebespaare und andere Müßiggänger. Im Sommer finden hier die Karnevalsum-

> LOW BUDGET

> *La Casa del Científico:* Elegantes Kolonialgebäude in der Altstadt Havannas – mit Zimmern schon ab 25 US$. *11 Zi. | Prado 212 | Trocadero | Tel. 07/862 45 11 | Fax 860 01 67*

> Direkt am Strand, mit Terrassenbar und Grill: Im *Hotel Herradura* in Varadero gibt es Zimmer ab 40 US$. *78 Zi. | Avda. de la Playa 35 y 36 | Tel. 045/61 37 03*

> In Havanna: Die preiswerteste Adresse, um Mopeds auszuleihen, ist *Rumbos (Ave. 3, zwischen Calles 28 und 30 | Tel. 07/203 33 76).* Die Miete für 24 Stunden beträgt rund 26 US$.

züge statt, die vielleicht schönsten in der gesamten Karibik.

MUSEO HEMINGWAY ⭐   [0]

Hemingway bewohnte die Villa bis kurz vor seinem Tod 1961. Seine Möbel, Bücher, Trophäen und Schreibutensilien befinden sich noch an Ort und Stelle. *Mi–Mo 9–16 Uhr | Eintritt 3 US$ | San Francisco de Paula | ca. 17 km südöstlich von Havanna*

MUSEO DE LA REVOLUCIÓN   [U E1–2]

Im alten Präsidentenpalast (1920 bis 1960) sind Zeugnisse der Castroschen Revolution ausgestellt, aber auch solche der vorangegangenen Freiheitskämpfe. Waffen, Dokumente, Karten und Modelle veranschaulichen die Ereignisse der Zeit. *Tgl. 10–17 Uhr | Eintritt 5 US$ | Calle Refugio*

PLAZA DE LA REVOLUCIÓN   [0]

Der zentrale Platz des modernen Havanna geht auf Entwürfe zurück, die schon lange vor der Revolution angefertigt worden waren. Seine jetzige Gestalt erhielt er aber erst nach 1959. Mittelpunkt ist das Denkmal für José Martí, den kubanischen Freiheitskämpfer und Nationalhelden: ein fast 150 m hoher Marmorobelisk. Um den Platz gruppieren sich Ministerien und Regierungsgebäude, darunter auch das Innenministerium mit einem gigantischen Che-Guevara-Porträt. *Avda. Paseo/Rancho Boyeros*

■ ESSEN & TRINKEN ■

BODEGUITA DEL MEDIO   [U F2]

Der Name verweist auf die für Havanna ungewöhnliche Lage des Bar-Restaurants: Es befindet sich in der Mitte eines Straßenblocks statt an einer Straßenecke. Hier hat Hemingway seinen Mojito getrunken. Ein sehr beliebter Treffpunkt mit kubanischer Küche. *Empedrado 207 | Tel. 07/867 13 74 | €€€*

Hier schlürfte Hemingway seinen Mojito: Bodeguita del Medio in Havanna

EL PATIO   [U F2]

Spanischer Palast aus der Kolonialzeit, die Tische stehen im romantischen Innenhof. Die Küche ist eher *nouvelle,* wie beispielsweise Spargel im Prosciuttomantel. *Plaza de la Catedral | San Ignacio 54 | Tel. 07/867 10 34 | €€*

LA TORRE ❄ [U A1]

Das kürzlich renovierte Restaurant mit französischem Küchenchef befindet sich im 36. Stock eines Wolkenkratzers. Der Ausblick ist umwerfend, die Cocktails sind exzellent. *Edificio Focsa | Calle 17 | Tel. 07/55 30 88 | €€€*

■ EINKAUFEN ■

ARTEX [U A2]

Sehr gutes Musiksortiment mit LPs, CDs und Kassetten aller kubanischen Musikrichtungen. *Calle L esq. 23*

FERIA DEL TACÓN [U F1]

Der größte Open-Air-Markt in Havanna. Kunsthandwerk und alles Erdenkliche. *Mi–Sa 8–19 Uhr | Avda. Tacón entre Chacón y Empedrado | Habana Vieja | Plaza de la Catedral*

PALACIO DE LA ARTESANÍA [U F1]

Die beste Adresse für kubanisches Kunstgewerbe und Souvenirs. *Calle Cuba 64 | Habana Vieja*

■ ÜBERNACHTEN ■

INGLATERRA [U E2]

Insider Tipp

Renoviertes kolonialzeitliches Gebäude mit viel Atmosphäre. Trinken Sie Ihren Daiquiri in der Hotelbar! *83 Zi. | Paseo del Prado 416 | Habana Vieja | Tel. 07/860 85 95 | Fax 860 82 54 | comercial@gcingla.gca. tur.cu | €€*

TRYP HABANA LIBRE [U A2]

Das mit 606 Zimmern größte Hotel der Stadt liegt sehr zentral und hält ein umfangreiches Angebot bereit: Restaurants und Bars, Swimmingpool und Sauna, Kabarett und vieles mehr. *Calle L y 23 | Vedado | Tel. 07/834 61 00 | Fax 834 63 66 | www. solmelia.com | €€*

VICTORIA [U A1]

Die geschmackvoll eingerichteten Zimmer sind mit Bad, Klimaanlage, und Telefon ausgestattet. Im Haus gibt es ein Restaurant mit exzellenter Küche, eine Bar, eine Wechselstube

❯ BÜCHER & FILME

Romane und Kultstreifen von Hemingway bis Bond

❯ **Die Zeit der Schmetterlinge** – Roman von Julia Alvarez. Fünf Schwestern rebellieren als Widerstandskämpferinnen in der Dominikanischen Republik zur Zeit Trujillos.

❯ **Inseln im Strom** – Ernest Hemingway schildert im ersten Teil des Buchs einen Angelurlaub auf Bimini – detailliert, humorvoll, sehr autobiografisch.

❯ **The Harder They Come** – Kultfilm aus den Kingstoner Slums in Jamaika: Aufstieg und Fall des Reggaesängers Jimmy Cliff (1972).

❯ **Buena Vista Social Club** – Kultfilm von Wim Wenders über die alten kubanischen Herren des Son (1999).

❯ **Erdbeer und Schokolade** – Kubanische Komödie von Tomás Gutiérrez Alea – ein Plädoyer für Respekt und Toleranz (1993).

❯ **James Bond** – ... war schon mehrfach auf den Bahamas: 2006 mit „Casino Royale", zuvor mit „Sag niemals nie" und „Der Spion, der mich liebte". Die Tauchszenen aus „Feuerball" sind Filmgeschichte.

und ein Touristenbüro sowie einen kleinen Pool. *31 Zi. | Calles M y 19 | Vedado | Tel. 07/33 35 10 | Fax 33 31 09 | www.hotelvictoriacuba. com | €–€€*

Glamourös: eine Show im Tropicana

AM ABEND

Insider Tipp

CASA DE LA MÚSICA ▶▶ [0]

Hier wird der berühmte kubanische Son gespielt, eine wehmütige und dennoch beschwingt klingende Musik. Bekannte Bands und Tanz in einem schönen alten Stadthaus. *Tgl.*

23–3 Uhr | Calle 20 | Ecke Calle 35 | Vedado | Eintritt 10 bis 25 US$

TROPICANA ⭐ [0]

Auch wenn das Tropicana die Touristenattraktion ersten Ranges in Havanna ist, sollten Sie sich nicht abschrecken lassen und eine Show ansehen. Der Besuch lohnt sich! Solch opulent ausgestattete Showdarbietungen gab es sonst nur in den prächtigen alten Hollywoodrevuen, die aber einen großen Nachteil hatten: Sie fanden nicht wie hier unter freiem karibischem Himmel statt. *Tgl. 22–1 Uhr | Fahrt vom Hotel aus | Eintritt und Dreigängemenü ab 70 US$ | Calle 72 | Marianao | Tel. 07/267 17 17*

LA ZORRA Y EL CUERVO ▶▶ [U B1]

Jazzclub mit Livemusik. Ab 24 Uhr wird es voll. *Tgl. ab 21 Uhr | 23 y O | Vedado | Eintritt 10 US$*

AUSKUNFT

INFOTUR [U E2]

Obispo 521 | entre Bernaza y Villegas | Habana Vieja | Tel. 07/33 33 33 | www.infotur.cu

ZIELE IN DER UMGEBUNG

MATANZAS [130 C3]

Die ca. 160 km östlich von Havanna an einer Bucht der Nordküste gelegene Stadt hat rund 120 000 Einwohner. Zahlreiche im spanischen Kolonialstil errichtete Häuser aus dem 17. Jh. verleihen Matanzas eine fast nostalgische Erscheinung. Sehenswert ist die Stadt aber hauptsächlich wegen ihrer Höhlen, der *Cuevas de Bellamar.* Wandmalereien belegen, dass hier schon vor 1600 Jahren

Menschen gelebt haben. Einen Teil des unterirdischen Höhlensystems können Sie zu Fuß erkunden *(tgl. 9 bis 17 Uhr | Führung 5 US$)*.

PINAR DEL RÍO [130 B3]

Die ca. 100 000 Einwohner zählende Provinzhauptstadt liegt im äußeren Westen der Insel, ca. 160 km südwestlich von Havanna. Sie hat ein schönes Zentrum mit einstöckigen, pastellfarbenen neoklassizistischen Häusern.

In der *Zigarrenfabrik Francisco Donatien (Mo–Sa 8–17 Uhr | Eintritt 5 US$ | Maceo 157)* werden die besten Zigarren Kubas hergestellt (auch Führungen und Verkauf). Übernachten kann man im *Hotel Pinar del Río (136 Zi. | José Martí | Tel. 048/ 75 50 70 | €)*.

SANTIAGO DE CUBA

[132 C4] **Die im Südosten der Insel gelegene Stadt (440 000 Ew.) heißt auf Kuba auch „die Wiege der Revolution".** Von hier ging die bürgerliche Revolution gegen die spanische Kolonialmacht aus, und hier ereignete sich auch mit dem Sturm auf die Moncada-Kaserne der Fanfarenstoß, mit dem Fidel Castro seine Revolution einleitete.

Santiago war einst die Hauptstadt Kubas. 1549 wurde der Regierungssitz nach Havanna verlegt. Ein Grund hierfür waren die schlechten klimatischen Bedingungen Santiagos, unter denen immer wieder Fieberepidemien ausbrachen. Trotz dieser ungünstigen Lage entwickelte sich Santiago zu einem blühenden Handels-platz, zumal es in der Nähe große Kupfervorkommen gab. Anders als in Havanna mit seinen Großgrundbesitzern und spanischen Verwaltern prägten in Santiago und seiner Umgebung stets das liberale Bürgertum und die Kleinbauern das politische Klima – daher verwundert es kaum, dass der Nährboden für revolutionäre Bewegungen hier so fruchtbar war. Heute wirkt die zweitgrößte Stadt der Insel wie ein Odeon, in dem fortwährend gesungen, musiziert und getanzt wird.

■ SEHENSWERTES

CASA DE VELÁZQUEZ ★

Das 1516 errichtete Haus des Konquistadors und Gouverneurs Diego Velázquez ist heute als Kolonialmuseum eingerichtet. Besonders interessant sind die schönen, aus Edelhölzern gefertigten Möbelstücke und die massiven Truhen, die in früheren Zeiten auf Reisen mitgenommen wurden. *Mo–Sa 9–17, So 9–12 Uhr | Eintritt 3 US$ | Parque Céspedes | Calle Lacret*

CATEDRAL

In der Kathedrale ist angeblich der erste Gouverneur Kubas, Diego Velázquez, bestattet. Da das Gotteshaus durch Naturkatastrophen und militärische Beschädigungen stark in Mitleidenschaft gezogen war, wurde es zu Beginn des 19. Jhs. auf den alten Fundamenten neu errichtet. *Parque Céspedes | Calle Lacret*

CEMENTERIO SANTA IFIGENIA

Der Friedhof gleicht einer Totenstadt. Hier ließen sich die wohlhabenden Bürger Santiagos in Mauso-

SANTIAGO DE CUBA

leen bestatten, die kleinen Villen oder Palästen ähnlicher sind als Grabmälern. Auch José Martí, der Held der Befreiungskriege, ist hier begraben. *Im Süden des Distrito Martí | Eintritt 1 US$*

■ EINKAUFEN ■

Die Haupteinkaufsstraßen in Santiago sind die *Calle Heredia, José Saco* und *Aguilera.* In der Calle Heredia gibt es Kunstgalerien und ein altes Archiv.

Das Hotel Casa Granda hat den Überblick: Parque Céspedes mit der Kathedrale

■ ESSEN & TRINKEN ■

SANTIAGO 1900

In dem alten, mit Kristalllüstern und antiken Möbeln ausgestatteten Palast wird den Gästen gute kreolische Küche serviert. *Calle San Basilio 354 | Tel. 022/62 35 07 | €€*

EL ZUN ZUN

Ein elegantes Restaurant mit interessanter Küche, wie zum Beispiel Lamm mit Knoblauchsauce. *Ave. Manduley 159 | Vista Alegre | Tel. 022/64 15 28 | €*

■ ÜBERNACHTEN ■

CASA GRANDA

Das ehemalige Gran Hotel liegt im Stadtzentrum. Sehr schön renoviert, mit eleganter Lounge. *58 Zi. | Parque Céspedes | Tel. 022/68 66 00 | Fax 68 60 35 | www.gran-caribe.com | €€*

HOTEL MELIÁ SANTIAGO DE CUBA

Marmorböden und Glaswände, sehr guter Service, phantastisches Frühstücksbuffet. *302 Zi. | Avda. de Las Américas | Tel. 022/68 70 70 | Fax 68 71 70 | www.solmelia.com | €€*

> **www.marcopolo.de/karibik-grosse-ant**

■ AM ABEND ■

TROPICANA SANTIAGO

Karibisches Kabarett im Stil des legendären Tropicana in Havanna. *Di bis So 20–3 Uhr | Eintritt 30 US$ | 1,5 km auf der Autopista Nacional | Calle Trébol | Tel. 022/68 70 20*

■ AUSKUNFT ■

RUMBOS CUBA

Am Parque Céspedes | Gral. Lacret 701 | Ecke Calle Heredia | Tel. 022/62 22 22

■ ZIELE IN DER UMGEBUNG ■

BARACOA   [133 D3]

Kolumbus setzte 1492 ein Kreuz in die Bucht von Baracoa, das heute in der Kirche *Nuestra Señora* zu besichtigen ist. Baracoa (38 000 Ew.), das vor Santiago drei Jahre lang die Hauptstadt Kubas war, liegt im äußersten Osten der Insel und ist umgeben von Regenwald und Bergen.

Am Atlantikstrand können Sie einen kleinen Badeurlaub einlegen und *Cucurucho* – eine köstliche Mischung aus Kokosnuss, Milch, Vanille und Zucker in einem Palmenblatt – zu sich nehmen. Mit einem schönen Ausblick wohnen Sie im ❄ Hotel *El Castillo (35 Zi. | Calixto García | Loma del Paraíso | Tel. 021/451 65 | €). 150 km östlich von Santiago, Zufahrt über die Passstraße La Farola*

EL COBRE   [132 C3]

Der Wohlstand der Stadt Santiago de Cuba beruht zu einem beträchtlichen Teil auf dieser alten Kupfermine. Die Ausläufer der Sierra Maestra, in denen sie liegt, lassen erkennen, dass hier – seit bereits 400 Jahren – Bergbau betrieben wird. Außerdem befindet sich hier eine *Wallfahrtskirche,* die Basilika der kubanischen Schutzpatronin Virgen de la Caridad del Cobre. *20 km nordwestlich von Santiago*

VARADERO

[131 D3] Der kleine, östlich von Havanna gelegene Ort (10 000 Ew.) war vor der Revolution ein beliebter Sommersitz wohlhabender Hauptstädter, und auch viele Nordamerikaner besaßen hier prachtvolle Villen. Nach der Revolution wurden die Gebäude als Erholungsheime für Schulkinder und Fabrikarbeiter genutzt, bis sich Kuba dem internationalen Tourismus öffnete und Varadero wieder Ausländern zugänglich machte. Der 12 km lange, palmengesäumte Sandstrand an der Nordküste der Halbinsel gehört zu den schönsten in der Karibik.

■ SEHENSWERTES ■

CUEVA DE AMBROSIO

1961 wurden in dieser Höhle Dutzende von vorkolumbischen indianischen Zeichnungen entdeckt. *Tgl. 9 bis 17 Uhr | Eintritt 3 US$ | zwischen Marina Chapelín und Marina Gaviota*

MUSEO MUNICIPAL

Indianische Artefakte und Varaderos Geschichte, zu besichtigen in einem 1921 erbauten Holzhaus. *Tgl. 10 bis 19 Uhr | Eintritt 1 US$ | 57 y Ave. Playa*

■ ESSEN & TRINKEN ■

LAS AMÉRICAS

Der Service besticht nicht durch Perfektion, aber das Ambiente in der alten Villa ist einmalig. *Avda. de Las Américas | Tel. 045/66 77 50 | €€*

LA CABAÑITA

In diesem Restaurant werden Fisch- und Fleischgerichte zubereitet. *Calle 9 y Avda. de la Playa | Tel. 045/61 37 87 | €*

CASA DE AL

Das blau verputzte Steingebäude soll früher Al Capone gehört haben. Auf der Speisekarte stehen u. a. „Mafia-Suppe" und „Godfather-Salat". *Villa Punta Blanca | Repardo Kawama | Tel. 045/66 80 50 | €€*

■ EINKAUFEN ■

PLAZA AMÉRICA

In diesem Einkaufszentrum mit gro-ßem Sortiment von Markenartikeln und Souvenirs gibt es auch einen Su-permarkt und Restaurants sowie Livemusik. *Tgl. 10–23 Uhr | Auto-pista Sur*

■ ÜBERNACHTEN ■

CLUB KAWAMA

Direkt am Meer gelegen. Alle Zim-mer haben Balkon oder Terrasse. *202 Zi. | Carretera de Kawama 40 | Tel. 045/61 44 16 | Fax 66 73 34 | www.gran-caribe.com | €€*

> BLOGS & PODCASTS
Gute Tagebücher und Files im Internet

> **www.travelpod.com/travel-blog-country/cuba/tpod.html** – Hier gibt's jede Menge Fotos, Videos, Reisean-gebote, MP3-Podcasts und Travelblogs.

> **www.travelpod.com/travel-blog-country/jamaica/tpod.html** – Auch hier finden Sie Reiseangebote, Infor-mationen, MP3-Podcasts, Diskussio-nen, Fotos, Videos und Blogs.

> **www.go-jamaica.com/podcasts** – Neue Shows, Episoden, Audio oder Audiovisual – ein Mix aus verschiede-nen Themen, Gesprächen und Por-träts.

> **www.travelblog.org/central-ameri-ca-caribbean/cayman-islands** – Dieses Reiseforum präsentiert Fotos, Karten, Informationen zu Hotels und Flügen sowie neueste Blog-Einträge.

> **www.dominican-blog.de** – Der The-menbogen spannt sich von Reise und Urlaub über Ausflüge, Hotels, Miet-wagen und Flüge bis zu Last-Minute-Angeboten und Nachrichten.

> **www.el-limon.de/karibik-blog** – Wissenswertes zur Dominikanischen Republik: Nachrichten, Erlebnisberich-te, Essen & Trinken, Sturmmeldungen, Kitesurfen ...

> **www.gotopuertorico.com/san-juan-travel-podcasts.php** – Wer Nachrich-ten und Informationen zu Themen wie Einkaufen, Restaurants, Bars und Attraktionen sucht, wird hier fündig.

> **http://dabahamianting.com** – Streaming mit Beiträgen bahamai-scher Radiosender: aktuelle Nachrich-ten von den Inseln und viele Infos.

> **www.travelpod.com/travel-blog-country/Bahamas/tpod.html** – Eine bunte Sammlung an Blogs, Fotos, Videos und Foren zu den Bahamas.

Palmen, weißer Sand und endloses Blau an der Playa de Varadero

ISLAZUL PULLMAN
Kleines Hotel mit familiärer Atmosphäre, die beste Adresse für Individualreisende. *15 Zi. | Avda. 1 | Calles 49 y 50 | Tel./Fax 045/61 27 02 | www.islazul.cu | €*

VARADERO INTERNACIONAL
Das von der amerikanischen Familie DuPont erbaute Haus war lange das beste Hotel in Varadero. Die zum Meer hin gelegenen Zimmer bieten nach wie vor den besten Ausblick. *163 Zi. | Avda. de Las Américas | Tel. 045/66 70 38 | Fax 66 72 46 | www.gran-caribe.com | €€*

■ STRAND
PLAYA DE VARADERO ★
Der Traum aller Karibikurlauber: Feiner, weißer Sandstrand zieht sich meilenweit an der Nordküste der Halbinsel entlang, mit Hotels, Bars, Restaurants und zahlreichen Wassersportangeboten.

■ AM ABEND
CABARET CONTINENTAL
Liveshow und Tanz im Hotel Varadero Internacional. *Di–Sa ab 22 Uhr | Eintritt 25 US$ | Avda. de Las Américas | Tel. 045/66 70 38*

■ AUSKUNFT
CUBATUR
Calle Primera Esq. 33 | Tel. 045/66 72 17

■ ZIELE IN DER UMGEBUNG
CÁRDENAS [131 D3]
Die 1828 gegründete und im spanischen Kolonialstil erbaute Stadt zählt ca. 90 000 Einwohner. Während des 19. Jhs. war Cárdenas eine wohlhabende Zuckermetropole. Im *Parque Colón* wurde 1862 das erste Kolumbusdenkmal der Neuen Welt errichtet. Cárdenas liegt ca. 18 km östlich von Varadero.

CAYO LARGO [130–131 C–D4]
Die kleine Insel vor der Südküste Kubas ist ein einziger, lang gezogener Pudersandstrand. Hier haben sich einige Hotels niedergelassen – ihre aus Holz gebauten, niedrigen Ferienhäuser *(cabañas)* fügen sich harmonisch in die Inselnatur ein. Taucher und Schnorchler zieht es zu den vorgelagerten Korallengärten und Wracks versunkener Schiffe. Cayo Largo liegt rund 80 km südlich der Zapata-Halbinsel und ist von Varadero aus gut per Flugzeug zu erreichen.

KUBA

> WIRTSCHAFT UND WASSERSPORT

Im einstigen Schlupfwinkel der Piraten residieren heute die Banken

> **Die Cayman Islands liegen inmitten des Karibischen Meers, ungefähr 200 km südlich von Kuba und etwas weiter nordwestlich von Jamaika.**

Die Gesamtbevölkerung der drei Inseln zählt nur knapp 37 000 Einwohner, von denen ein verhältnismäßig großer Anteil (fast 40 Prozent) Ausländer sind, die sich hier niedergelassen haben. Nicht zuletzt deshalb, aber auch wegen des florierenden Offshore-Bankwesens (die Cayman Islands sind ein Steuerparadies) und des internationalen Tourismusgeschäfts sind die Inseln sehr wohlhabend.

Für Kulturreisen eignen sich die Cayman Islands kaum, denn nennenswerte Sehenswürdigkeiten oder Museen gibt es hier nicht. Sie sind aber für Wassersportler ein Traumziel mit einem angenehmen Segelrevier, hervorragenden Tauchgründen und kilometerlangen Stränden.

Bild: Grand Cayman, Küste bei Georgetown

CAYMAN ISLANDS

GRAND CAYMAN

[131 D6] Die größte der drei Inseln ist etwas mehr als 30 km lang und 6 km breit. Auf ihr liegt Georgetown, die Hauptstadt der gesamten britischen Kronkolonie. Hier befinden sich die Niederlassungen der internationalen Banken, angelockt von den günstigen Rahmenbedingungen. Grand Cayman besteht zum größten Teil aus Sumpfland, nur im Westen und Nordwesten sowie in Küstennähe haben die Menschen gesiedelt. Am Seven Mile Beach im Westen liegen die meisten Hotels, direkt nördlich der Hauptstadt.

■ SEHENSWERTES ■

ATLANTIS SUBMARINE ⭐
Das kleine Unterseeboot bringt mehrmals täglich Gruppen von Neugierigen die Wunder der Korallen-

riffe näher, ohne dass sie selbst zu Schnorchel oder Taucherausrüstung greifen müssten. Durch die Panoramafenster lässt sich das Tier- und Pflanzenleben am Riff vorzüglich be-

in dem nicht nur die Banken ihre Niederlassungen haben, sondern auch viele Geschäfte zu finden sind, die vor allem viele maritime Angebote für Urlauber bereithalten.

Zu Besuch bei den eleganten Stachelrochen in der Stingray City

obachten. Melden Sie sich rechtzeitig an! *Mo–Fr | pro Person ab 84 US$ | Waterfront | Tel. 949 77 00 | www. atlantisadventures.com*

Insider Tipp

CAYMAN ISLANDS NATIONAL MUSEUM

Das Museum im ehemaligen Gerichtsgebäude gibt Aufschluss über die Piratenvergangenheit der Inseln. *Mo–Fr 9–17, Sa 10–14 Uhr | Eintritt 4 US$ | Waterfront | Georgetown*

GEORGETOWN

Das kleine Städtchen (20 000 Ew.) ist ein quirliges Wirtschaftszentrum,

PEDRO ST. JAMES

Das älteste Gebäude auf Grand Cayman soll angeblich schon 1635 von einem spanischen Siedler namens Pedro Gómez errichtet worden sein. Vermutlich aber entstand es erst 1780 als befestigtes Anwesen eines Engländers. Zweimal wurde „Pedro's Castle" das Opfer von Feuersbrünsten, bevor es in seinen heutigen Zustand versetzt und zum nationalen Wahrzeichen erklärt wurde. *Old Jones Bay, East End, an der Küstenstraße South Sound Road | www. pedrostjames.ky*

> *www.marcopolo.de/karibik-grosse-ant*

CAYMAN ISLANDS

STINGRAY CITY

Ein beliebtes Ziel von Schnorchlern und Tauchern. Hier im North Sound können Sie mit zahmen Stachelrochen schwimmen und schmusen. Die schönen, großen Fische gleiten mit ihren extrem breiten Flossen wie fliegende Teppiche über den Meeresboden. Wenden Sie sich an *Cayman Diver Ltd. (Tel. 945 16 11 | www.cay mandiver.com).*

TURTLE FARM

Der wichtigste Grund dafür, dass einst Piraten und andere Seefahrer immer wieder die Inseln ansteuerten, waren die Meeresschildkröten – ihr Fleisch und ihre Eier waren eine willkommene Ergänzung der eintönigen Bordverpflegung. Der Bestand der Schildkröten ist stark zurückgegangen; viele der Strände, die sie zur Eiablage aufsuchen, sind inzwischen in Menschenhand. Die Turtle Farm setzt einen gewissen Teil der hier aufgezogenen Tiere im Meer aus und trägt so zur Erhaltung der Art bei. Dennoch sollte man nicht übersehen, dass es sich primär um ein kommerzielles Unternehmen handelt, das Rohmaterial für Küchendelikatessen und Modeaccessoires liefert. *Tgl. 8.30–17 Uhr | Eintritt 25–50 US$ | Boatswain's Beach | Northwest Point | West Bay | Tel. 949 38 94 | www. boatswainsbeach.ky*

■ ESSEN & TRINKEN ■

HEMINGWAY'S

Das Restaurant des Hyatt Regency Hotels am Seven Mile Beach ist auf Meeresfrüchte spezialisiert. *West Bay Road | Tel. 949 12 34 | €€€*

REEF GRILL ★ ▶▶

Caymanische Küche und Live-Entertainment unter Sternen. Vorzüglich ist die mit Honig-Sojasauce marinierte Brasse in Thai-Currysauce. Auf der Veranda, die von kleinen Palmen umrahmt ist, geht es etwas lässiger zu als in den stilvollen Innenräumen. Der angesagte Treff für Touristen und Insulaner! *Royal Palms Beach Club | Tel. 945 63 58 | €€–€€€*

THE WHARF RESTAURANT ☼

Das Restaurant wird von Österreichern geführt. Viele der jungen Leute im Service stammen aus deutschsprachigen Ländern. Das Abendessen schmeckt auf der Veranda direkt am Meer besonders gut. *West Bay Road | Tel. 949 22 31 | €€–€€€*

■ EINKAUFEN ■

★ In Georgetown finden Sie eine Reihe von Geschäften, die sich auf

MARCO POLO HIGHLIGHTS

★ **Atlantis Submarine**
Mit dem Unterwasserboot ins Reich Neptuns (Seite 47)

★ **Reef Grill**
Hotspot für Einheimische und Touristen – ganz stilvoll oder im Freien (Seite 49)

★ **Einkaufen in Georgetown**
Shoppingspaß nicht nur für Sammler alter Münzen (Seite 49)

★ **Hyatt Regency Grand Cayman**
Luxushotel mit Golfplatz und eigenem Strandabschnitt (Seite 50)

Porzellan, Schmuck, Gold- und Silbermünzen, zollfreies Parfüm und Spirituosen spezialisiert haben. Hinter dem Seven Mile Beach gibt es eine Reihe von Einkaufsplazas nach amerikanischem Vorbild.

ARTIFACTS LTD.

Insider Tipp

Hier gibt es die schönsten „Piratenmünzen", Fundstücke aus gesunkenen Schiffen, garantiert echt mit Zertifikat – aber nicht ganz billig! *Harbour Drive | Waterfront | Georgetown | Tel. 949 24 42*

THE BOOK NOOK

Bücher, Spiele und Geschenke finden Sie in diesem Geschäft. *Galleria Plaza | West Bay Road*

KIRK FREEPORT PLAZA

Ein großer Dutyfree-Komplex mit vielen Läden, unter anderem Designerboutique, Parfümerie, Juwelier, Kristall- und Porzellanwaren. *Cardinal Ave. | Georgetown*

■ ÜBERNACHTEN

ELDEMIRE'S GUESTHOUSE

Nicht ganz in der Stadt, nicht ganz am Strand, gut und preiswert. *13 Zi. | Georgetown | Tel. 916 83 69 | Fax 949 45 95 | www.eldemire.com | €*

HYATT REGENCY GRAND CAYMAN ★

Das Hotel liegt zwar jenseits der Straße, die am Seven Mile Beach entlangläuft, hat aber seinen eigenen, über einen Pfad erreichbaren Strandabschnitt. Dennoch ziehen viele der amerikanischen Touristen den Pool vor, in dessen Mitte sich eine Bar befindet. Schöner Golfplatz. *236 Zi. | Seven Mile Beach | Tel. 949 12 34 | Fax 949 85 28 | €€€*

SUNSET HOUSE

Das Tauchhotel liegt an einer felsigen Küste südlich von Georgetown. Gutes Restaurant. *59 Zi. | 390 South Church St. | Tel. 949 71 11 | www.sunsethouse.com | €€ – €€€*

TURTLE NEST INN

Etwas entlegenes, kleines Strandhotel. Geräumige Zimmer und Pool mit Blick auf die Bay. *8 Zi. | Red Bay Road | Bodden Town | Tel. 947 86 65 | Fax 947 63 79 | www.turtlenestinn.com | €€ – €€€*

■ STRÄNDE

RUM POINT

Badestrand an der Nordseite der Insel, am Wochenende Barbecue und Livemusik im *Rum Point Club*. Gute, entspannte Atmosphäre. *North Side*

>LOW BUDGET

> Übernachtungsmöglichkeiten auf den Cayman Islands sind extrem teuer. Man kann aber beim *Department of Tourism* nach Gästehäusern mit gemeinschaftlich genutzten Küchen und Badezimmern fragen.

> *Camera Store:* Hier bekommen Sie zollfreie Digitalkameras und Zubehör, die Beratung ist freundlich und kompetent. *Waterfront Centre | N. Church Street | Georgetown*

> *Breadfruit Tree Garden Café:* Es wird kein Alkohol ausgeschenkt, aber es gibt preiswertes *curry goat* und *jerk*-Gerichte (Mo geschl.). Preise zwischen 6 und 8 US$. *50 Eastern Ave. | Tel. 345/928 89 90 | Georgetown*

Paradestrand von Grand Cayman: Seven Mile Beach

SEVEN MILE BEACH

Der feinsandige, von australischen Pinien gesäumte Seven Mile Beach ist der Vorzeigestrand von Grand Cayman. Hier stehen die meisten Hotels, und es gibt unzählige Wassersportangebote.

■ AM ABEND

LEGENDZ ▶▶

Tanzpartys mit Rock-'n'-Roll-Livemusik. *The Falls Shopping Centre | Seven Mile Beach | Tel. 945 15 90*

THE NEXT LEVEL ▶▶

Caymans neuester, luxuriösester Nightclub. *Grand Cayman | Tel. 946 63 98*

■ AUSKUNFT

CAYMAN ISLANDS DEPARTMENT OF TOURISM

Leeward 2 | West Bay Road | Georgetown | Tel. 949 06 23

■ INSELN IN DER UMGEBUNG ■

CAYMAN BRAC [131 E6]

Cayman Brac hat seinen Namen von der kleinen Erhebung im Osten (*brac* ist Gälisch und bedeutet Hügel) – im Vergleich zu den beiden anderen flachen Inseln der Gruppe in der Tat eine Besonderheit, auch wenn das Land hier kaum 40 m hoch aus dem Meer ragt. Cayman Brac liegt ca. 140 km nordöstlich von Grand Cayman und ist nur 40 km² groß; knapp 1500 Menschen leben hier. Früher lebten die Einwohner vom Verkauf von Kokosnussprodukten, heutzutage ernährt sie der Tourismus. Wer Grand Cayman zu betriebsam findet, tut gut daran, auf Cayman Brac auszuweichen. Übernachtung: *Brac Reef Beach Resort | 40 Zi. | West End Point | Tel. 948 13 23 | www.brac reef.com | €€–€€€*

LITTLE CAYMAN [131 E6]

Little Cayman liegt knapp 10 km westlich von Cayman Brac, ist noch etwas kleiner und etwas ruhiger als seine Nachbarinsel – die Bevölkerungszahl ist nicht einmal dreistellig. Unterkunft finden Sie im *Pirates Point (11 Zi. | Preston Bay | Tel. 948 10 10 | Fax 948 10 11 | www. piratespointresort.com | €€–€€€).*

> ISLAND IN THE SUN

Palmenstrände und türkisfarbenes Wasser: Harry Belafontes Insel hält, was sie verspricht

> **Der indianische Name Xaymaca lässt sich mit „Land der Wälder und Gewässer" übersetzen. Damit haben die Ureinwohner Jamaikas, die Arawaken, die Vielfalt der Inselnatur in eher bescheidene Worte gefasst.**

Jamaika ist die Insel der Berge und Wasserfälle, der tropischen Wälder, der weißen Palmenstrände, der türkisblauen Badebuchten und der Zuckerrohrfelder. Die Menschen auf Jamaika (ca. 2,7 Mio. Ew.) entstammen einem bunten Völkergemisch, das neben den Nachfahren der afrikanischen Sklaven auch Inder, Chinesen und Araber sowie Engländer und andere Europäer aufzuweisen hat. Sie alle hatten linguistisch gesehen Einfluss auf das jamaikanische Patois, das auch die Grundlage für Reggae und Calypso bildet. Die meisten Jamaikaner sind freundlich und haben viel Sinn für Humor. Natürlich lässt sich nicht leugnen, dass die Insel arm

Bild: Montego Bay

JAMAIKA

ist: Das durchschnittliche Einkommen liegt bei 80 US$ im Monat. Der Tourismus ist nach der Bauxitgewinnung der größte Wirtschaftszweig des Landes, jeden Tag strömen Tausende Kreuzfahrturlauber durch die Straßen der Hafenstädte. Wenn sich also einheimische Händler ziemlich aufdringlich bemühen, Souvenirs zu verkaufen, sollte man ihre wirtschaftliche Lage berücksichtigen und sie mit freundlichem Respekt behandeln.

Man landet fast unweigerlich an der Nordküste, der Flughafen von Montego Bay ist das Einfallstor für Urlauber. Wenn möglich, sollten Sie auch einmal einen Abstecher mit dem Mietwagen unternehmen: ins Cockpit Country, in die Blue Mountains oder nach Kingston, in diesen Stadtmoloch mit Industrie, Banken, Kongresszentren, Slums und Villenvierteln. Der MARCO POLO „Jamaika" berichtet ausführlich über die Insel.

KINGSTON

[132 B5] Eigentlich kann man Jamaika nicht verstehen, ohne seiner Hauptstadt Kingston (ca. 700 000 Ew.) einen Besuch abgestattet zu haben. Die Stadt ist ein Jamaika für sich, sie vereint alle Gegensätze des Landes. Hier lebt ein Großteil der Bevölkerung, und Kingston ist nicht nur Regierungs- und Ver-

ausgestattet. *Mo–Sa 9.30–17 Uhr | Eintritt 5 US$ (Führung) | Hope Road | www.devonhousejamaica.com*

BOB MARLEY MUSEUM

Das Plattenstudio von Bob Marley (1945–81) wurde zu einem Museum umgewandelt. Die Ausstellung, vor allem aber die immer anwesenden Anhänger des Superstars tragen viel

Architektur der englischen Kolonialzeit: Devon House in Kingston

waltungssitz, sondern auch die Geburtsstätte Bob Marleys, des Rastafarianismus und des Reggae. Wie in jeder Großstadt gibt es Gegenden, die man besser meidet, vor allem nachts.

■ SEHENSWERTES ■

DEVON HOUSE

Ein typisches Gebäude der englischen Kolonialarchitektur des späten 19. Jhs., teils mit Originalmobiliar

zum Verständnis nicht nur der Musik und der Person Marleys bei, sondern auch des Lebens auf Jamaika. *Mo bis Sa 9.30–16 Uhr | Eintritt 10 US$ | Hope Road | www.bobmarley-foundation.com*

ROYAL BOTANICAL GARDENS AT HOPE

Der botanische Garten mit weitläufigen Anlagen und altem Baumbestand geht auf die Stiftung einer Pflanzerfamilie zurück. *Tgl. 10–17 Uhr | Eintritt frei | New Kingston | Old Hope Road*

■ ESSEN & TRINKEN ■

BLUE MOUNTAIN INN ☀

In den Bergen über Kingston können Sie in eleganter Atmosphäre essen und den Blick genießen. Unbedingt reservieren! *Gordon Town Road (Route B1) | Tel. 927 17 00 | €€–€€€*

RED BONES – THE BLUES CAFE

In der spanischen Kolonialresidenz gibt es jamaikanische Küche sowie Jazz und Blues live. *21 Braemer Ave. | Tel. 978 82 62 | €€*

■ EINKAUFEN ■

JAMAICA CRAFTS MARKET

Jamaikanisches Kunsthandwerk jeglicher Art. *An der Anlegestelle der Kreuzfahrtschiffe | Port Royal Street*

SANGSTER'S BOOK STORE

Der beste Buchladen. *The Springs | 17 Constant Spring Rd.*

■ ÜBERNACHTEN ■

HOTEL FOUR SEASONS

Das Haus liegt nicht allzu weit entfernt vom Geschäfts- und Einkaufszentrum New Kingston. *76 Zi. | 18 Ruthven Rd. | Kingston 10 | Tel. 929 76 55 | Fax 929 59 64 | €*

STRAWBERRY HILL ☀

Insider Tipp

Luxus pur: In den Hügeln mit Blick auf Kingston Bay liegt diese ehemalige Kaffee- und Obstplantage. Einzigartig ist der Brunch am Wochenende: *saltfish with ackee, jerk chicken* und andere jamaikanische Spezialitäten. *18 Zi. | Irish Town | St. Andrew | Tel. 944 84 00 | Fax 944 84 08 | www.islandoutpost.com | €€€*

MARCO POLO HIGHLIGHTS

★ **Blue Mountains**
Die Berge, aus denen der berühmte Kaffee kommt – auch die Plantagen kann man besichtigen (Seite 56)

★ **Port Royal**
Ehemaliges Piratennest und kleines Fischerdorf: Hier gibt es guten, frischen Fisch (Seite 56)

★ **Rose Hall Great House**
Nicht weit von Montego Bay: Plantagenhaus mit einer finsteren Vergangenheit (Seite 57)

★ **Round Hill Hotel**
Hier können Sie sich verwöhnen lassen – in Montego Bay (Seite 58)

★ **Margueritaville**
Angesagter Treffpunkt in Montego Bay mit Rutsche ins Meer (Seite 58)

★ **Dunn's River Falls**
Spannend und unterhaltsam: Klettertour im Wasserfall (Seite 60)

★ **Rio Grande**
Romantische Floßfahrt durch den Dschungel (Seite 62)

★ **Mockingbird Hill Hotel**
Bei Port Antonio: üppige Hotelgärten, Blick auf Meer und Berge (Seite 62)

★ **Reach Falls**
Baden im Regenwald (Seite 63)

KINGSTON

■ AM ABEND

ASYLUM ▶▶

Disko Nummer eins in Kingston. Jede Nacht wird einem anderen Thema gewidmet, z. B. *Lazy Night, Dance Hall Night, After Work Jam. 69 Knutsford Blvd.*

ten, auf denen der berühmte Blue Mountain Coffee angepflanzt wird, fragen Sie sich nach *Mavis Bank* (ca. 20 km von Kingston) durch – dort zeigt man Interessenten gern die Felder mit den Kaffeesträuchern. *Von Kingston aus auf der A 3*

In Mavis Bank werden die Kaffeebohnen aus den Blauen Bergen sortiert

■ AUSKUNFT

JAMAICA TOURIST BOARD

64 Knutsford Blvd. | Kingston 5 | Tel. 929 92 00 | Fax 929 93 75 | www. visitjamaica.com

■ ZIELE IN DER UMGEBUNG

BLUE MOUNTAINS ⭐   [132 B5]

Die Blauen Berge liegen nordöstlich der Hauptstadt. Der *Peak* (Gipfel) dieses landschaftlich faszinierenden Gebirges ist 2256 m hoch. Wenn Sie eine der Plantagen besichtigen möch-

PORT ROYAL ⭐   [132 B5]

Die Halbinsel, die im Süden den Hafen von Kingston gegen das offene Meer schützt, trägt nicht nur den internationalen Flughafen der Stadt, sondern auch ein kleines Fischerdorf mit einem berühmten Namen: Port Royal war die erste englische Hauptstadt der Insel, hier hatten Henry Morgan und andere Piraten ihr Hauptquartier. Die beeindruckende, gut erhaltene Befestigungsanlage *Fort Charles* beherbergt das Fort

Charles Maritime Museum (Mo–Fr 9–17 Uhr | Eintritt 1,50 US$). Außerdem kann man die alten Speicheranlagen besichtigen. Die Straßenpubs in Port Royal servieren den frischsten, besten Fisch der Insel!

SPANISH TOWN [132 B5]

Die etwa 25 km westlich gelegene Stadt (113 000 Ew.), Kingstons Vorgängerin als Hauptstadt Jamaikas, wurde 1534 von den Spaniern gegründet. Der zentrale Platz *The Park* ist ein schönes Beispiel früher kolonialer Bebauung.

MONTEGO BAY

[132 A5] Die zweitgrößte Stadt Jamaikas (82 000 Ew.) war schon immer ein Zentrum für die Nordküste der Insel. Von hier aus wurden die Erzeugnisse der nahe gelegenen Plantagen verschifft, und hier kamen die Luxusgüter aus Europa an, auf die die Pflanzer nicht verzichten mochten. Heute ist nicht mehr der Hafen das Einfallstor, sondern der Flughafen, transportiert werden nicht mehr Zucker, Melasse und Sklaven oder Porzellan und Pariser Mode, sondern Touristen.

■ SEHENSWERTES

GREENWOOD GREAT HOUSE

Altes Plantagenhaus mit wertvollen Antiquitäten und Musikinstrumenten sowie einer Bibliothek, die das Herz eines Bücherwurms höher schlagen lässt. *Tgl. 9–18 Uhr | Eintritt 12 US$ | ca. 24 km östlich von MoBay*

ROSE HALL GREAT HOUSE

Ein sinistres Haus: Im 18. Jh. herrschte hier die „Witch of Rose Hall", eine Pflanzerin, die wegen ihrer weit über das Übliche hinausgehenden Grausamkeit den Sklaven gegenüber berüchtigt war. *Tgl. 9–18 Uhr | Eintritt 15 US$ | wenige Kilometer östlich von MoBay*

■ ESSEN & TRINKEN

HOUSEBOAT GRILL ☼

Das Hausboot-Restaurant ist in einer Lagune festgemacht. ==Der Boden ist teilweise verglast,== **Insider Tipp** sodass man Rochen und Barrakudas beobachten kann. Auf dem Oberdeck können Sie an Cocktails nippen und den Blick übers Meer genießen. *Southern Cross Blvd. | Montego Freeport | Tel. 979 88 45 | €€*

THE NATIVE

Im Baumschatten auf einer Steinterrasse werden Spezialitäten wie *duckunoo* serviert. *29 Gloucester Ave. | Tel. 979 27 69 | €–€€*

■ EINKAUFEN

GALLERY OF WEST INDIAN ART

Hier können Sie jamaikanische und haitianische Gemälde, Keramiken und Holzschnitzereien erwerben. *11 Fairfield Rd.*

BOB MARLEY EXPERIENCE & THEATRE

CDs und Bücher, T-Shirts und Bob-Marley-Andenken. *Half Moon Shopping Village*

■ ÜBERNACHTEN

RIDGEWAY GUESTHOUSE

Nahe dem Flughafen gelegen. Freundlich, sauber und einfach. *4 Zi. | 34 Queen's Dr. | Tel. 952 27 09 | Fax 979 92 82 | www.ridgewayguesthouse.com | €*

MONTEGO BAY

ROUND HILL HOTEL

Jede der 27 Villen hat ihre eigene *maid*. Sie können aber auch in einem der 36 Zimmer mit Ausblick auf das Meer wohnen. Elegante Atmosphäre. *MoBay* | *Tel. 956 70 50* | *Fax 956 75 05* | *www.roundhilljamaica.com* | €€€

STRÄNDE

Die beliebtesten Strände in und um Montego Bay sind *Cornwall Beach, Doctor's Cave Beach* und *Walter Fletcher Beach*.

AM ABEND

MARGUERITAVILLE CARIBBEAN BAR & GRILL ★ ▶▶

Der coole Hangout bietet außer Margueritas auch andere Drinks und gutes Essen. In der lebhaften Disko gibt es nachts Livemusik. Eine Baderutsche befördert kühlungsbedürftige Gäste direkt ins Meer. *Tgl. ab 22 Uhr* | *Eintritt 9 US$ am Wochenende* | *Gloucester Ave.* | *Tel. 952 47 77*

AUSKUNFT

JAMAICA TOURIST BOARD

Cornwall Beach und Gloucester Ave. | *Tel. 952 44 25* | *Fax 952 35 87*

ZIELE IN DER UMGEBUNG

COCKPIT COUNTRY   [132 A5]

Früher verbargen sich die Maroons, entlaufene Sklaven aus der Zeit der Kolonialherrschaft und deren Nachfahren, in dem kargen Bergland. Besonders sehenswert ist der Hauptort *Accompong*, in dem noch annähernd 3000 Maroons leben. Wer das schwer zugängliche Gebiet südwestlich von Montego Bay erkunden will, sollte vorher beim Tourist Board Informationen einholen. Die Freundlichkeit der Maroons lässt die Anfahrt auf schlechten Wegen schnell vergessen.

FALMOUTH   [132 A5]

Der kleine Ort (8100 Ew., ca. 35 km östlich) war früher Zuckerhafen. Noch heute kann man im Stadtzentrum schöne Häuser aus jener Zeit

Zum Verwöhnprogramm des Round Hill Hotels gehört ein eigener Strand

entdecken. In einem ehemaligen Herrenhaus wohnt man im *Good Hope* *(13 Zi. | Trelawny | Tel. 469 34 44 | Fax 469 80 95 | www.goodhopejamaica.com | €€€)*, umgeben von alten Möbeln, Stichen und Porzellan.

NEGRIL

[132 A5] Negril (4180 Ew.) verdankt seine Beliebtheit den Blumenkindern, die hier in den 1970er-Jahren ein Robinson-Crusoe-Leben führten. Heute sind die Hütten Hotels gewichen, aber es hat sich viel von der unkonventionellen Atmosphäre gehalten.

ESSEN & TRINKEN
COSMO'S SEAFOOD
Frischer Fisch in einem zum Meer hin offenen Strandbistro. Hier lässt sich gut der ganze Tag verbringen. *Norman Manley Blvd. | Tel. 957 43 30 | €*

KUYABA ON THE BEACH
Internationale Küche steht hier auf der Karte. Wer gerade nicht isst, kann es sich auf den Liegen am Strand gemütlich machen. *Norman Manley Blvd. | Tel. 957 43 18 | €*

EINKAUFEN
NEGRIL CRAFT PARK
20 Stände, an denen man witzige T-Shirts, Holzschnitzereien und anderes Kunsthandwerk kaufen kann. *Beach Road, beim Community Centre*

ÜBERNACHTEN
CHARELA INN
Im mittleren Abschnitt des Seven Mile Beach liegt dieses kleine Hotel, dessen Gebäude um einen schönen, runden Swimmingpool gruppiert sind. *49 Zi. | Negril Beach | Tel. 957 42 77 | Fax 957 44 14 | www.charela.com | €–€€*

HEART BEAT SEASIDE RETREAT
Die Anlage steht auf den Klippen des West End. Von den Veranden aus kann man den Sonnenuntergang beobachten. *9 Cottages | West End Road | Tel. 957 43 29 | Fax 957 00 69 | www.heartbeatjamaica.com | €–€€*

STRAND
Der Strand in Negril ist der *Seven Mile Beach:* Kilometer um Kilometer weißer Bilderbuch-Sandstrand.

AM ABEND
THE JUNGLE ▶▶
Heißer Treffpunkt für Diskogänger. *Norman Manley Blvd. | Tel. 957 32 83*

AUSKUNFT
JAMAICA TOURIST BOARD
Coral Seas Plaza | Mo–Fr 9–17 Uhr | Tel. 957 42 43 | Fax 957 44 89

ZIELE IN DER UMGEBUNG
BAMBOO AVENUE [132 A5]
Südöstlich von Negril wird dieser fast 5 km lange Abschnitt der A 2 von beiderseits stehenden Bambusgruppen überschattet.

BLACK RIVER [132 A5]
Rund 60 km südöstlich von Negril gelegenes Seestädtchen mit Gebäuden im georgianischen Stil. Im längsten Fluss Jamaikas, dem Black River, und im umliegenden „Großen Morast" schwimmen die letzten Alligatoren der Insel.

OCHO RIOS

[132 B5] Ocho Rios (16 300 Ew.) ist ein sehr lebhaftes Städtchen an der Nordküste Jamaikas und einer der wichtigsten Kreuzfahrthäfen der Insel. Der Ort ist schon seit langer Zeit das liebste Urlaubsziel für die Bewohner von Kingston. Die Schönheit der Dunn's

Die Dunn's River Falls garantieren herrlich erfrischendes Vergnügen

River Falls zieht außerdem viele Tagesbesucher aus Montego Bay an.

SEHENSWERTES

DUNN'S RIVER FALLS ⭐
Die Kaskaden, die westlich von Ocho Rios 200 m tief in vielen Stu-

fen ins Meer fallen, sind etwas Besonderes: einerseits aufgrund ihrer Schönheit, andererseits auch wegen des erheiternden Anblicks, den die langen Touristenschlangen bieten, die sich an der Hand eines einheimischen Führers im Wasser die Fälle hinaufquälen. *Tgl. 8.30–16 Uhr | Eintritt 15 US$ | auf der A 3 in westlicher Richtung, ausgeschildert auf Höhe Mammee Bay*

FERN GULLY
Kurz außerhalb der Stadt gelangt man auf dem Weg nach Kingston zu einem atemberaubenden Straßenabschnitt, der sich durch schmale Schluchten in die Berge hinaufwindet. An den Seiten wächst eine Unzahl von Farnen: vom kleinen, kaum mit bloßem Auge erkennbaren bis hin zum riesigen Baumfarn. Auf Jamaika gibt es über 550 verschiedene Farnarten, hier sind viele von ihnen vertreten.

SHAW PARK GARDENS ✻
Die wunderbaren Gartenanlagen liegen auf einem Hügel oberhalb der Stadt mit schönem Blick auf Ocho Rios und das Meer. *Tgl. 8–17 Uhr | Eintritt 10 US$*

ESSEN & TRINKEN

EVITA'S ✻
Italienische *cucina casalinga* in ihrer besten – karibisch beeinflussten – Form. Der Blick über Ocho Rios ist phantastisch. *Mantalant Inn | Tel. 974 23 33 | €€*

OCHO RIOS VILLAGE JERK CENTRE
Freuen Sie sich auf eiskaltes Red-Stripe-Bier sowie auf höllisch schar-

fes *jerk chicken* und *jerk pork. Da Costa Drive | Tel. 974 25 49 |* €

■ EINKAUFEN

HARMONY HALL

In diesem Great House einer ehemaligen Plantage werden Kunst und Kunsthandwerk aus jamaikanischer Produktion verkauft. *Tgl. 10–18 Uhr | ein paar Kilometer entfernt an der Straße nach Oracabessa*

■ ÜBERNACHTEN

HIBISCUS LODGE

Kleiner als viele der modernen Hotelanlagen in Ocho Rios, wegen der ruhigen Atmosphäre von Europäern gern besucht. *26 Zi. | Main Street | Tel. 974 26 76 | Fax 974 18 74 |* €€

ROYAL PLANTATION

Über dem Meer thront das Haupthaus mit den Restauranträumen, in den Seitenflügeln liegen die Gästezimmer (alle mit eigenem Balkon und Meerblick). Service und Essen sind vorzüglich. *83 Zi. | Main Street | Tel. 974 56 01 | Fax 974 59 12 | www.royalplantation.com |* €€€

■ STRÄNDE

Am *Mallard's Beach* liegen mehrere große Hotels, etwas ruhiger ist der *Turtle Beach.*

■ AM ABEND

AMNESIA NIGHT CLUB ▶▶

Angesagte Dancehall-Disko mit Terrasse zum Chillen. *70 Main St.*

■ AUSKUNFT

JAMAICA TOURIST BOARD

Ocean Village Shopping Centre | Tel. 974 25 82 | Fax 974 25 59

■ ZIELE IN DER UMGEBUNG

PORT MARIA [132 B5]

Ca. 17 km östlich von Ocho Rios steht das vom Jamaican National Trust verwaltete ☀ Haus des englischen Schriftstellers Noel Coward. *Firefly | Sa–Do 9–17 Uhr | Eintritt 10 US$*

RUNAWAY BAY [132 B5]

Der traumhaft schöne Strand ca. 40 km westlich von Ocho Rios ist sozusagen die Grundlage für eine dicht gereihte Hotelkomplexkette amerikanischen Zuschnitts.

PORT ANTONIO

[132 B5] An einer Doppelbucht im Osten der Nordküste liegt Port Antonio (14 000 Ew.), der erste Ort auf Jamaika, der von den Nordamerikanern als Urlaubsziel entdeckt wurde. Es war der Hollywood-

Farbenfroh: Kunsthandwerk aus Jamaika

schauspieler Errol Flynn, der die Vorzüge des geschützten Naturhafens und die Schönheit der Region erkannte und dem Jetset seiner Zeit bekannt machte.

■ SEHENSWERTES

NAVY ISLAND
Die Insel in der Bucht von Port Antonio war einst Privatbesitz Errol Flynns. Ein Besuch lohnt sich auch wegen des Hotelrestaurants des Navy Island Marina Resort. *Fähre vom Hafen (3 US$)*

RIO GRANDE
Ein besonderes Erlebnis: auf einem langen, schmalen Bambusfloß den Fluss hinuntergleiten, der von fla-

chen, kiesigen und hohen, bambusbestandenen Ufern gesäumt ist. Auf der A 4 westlich von Port Antonio ist das „Riverrafting" ausgeschildert. *Tgl. 9–17 Uhr | Kosten 50 US$ pro Floß (zwei Personen) | Fahrtdauer eineinhalb bis zwei Stunden*

■ ESSEN & TRINKEN

MILLE FLEURS
Köstliche jamaikanische Gourmetküche auf den Hügeln oberhalb Port Antonios. Pasta und Saucen sind selbst gemacht, und es werden nur frische, regionale Zutaten verwendet. *Hotel Mockingbird Hill | Tel. 993 71 34 | €€€*

PANORAMA
Von hier aus bietet sich ein schöner Blick auf die raue Nordküste. *Jerk pork* und *jerk chicken,* Hummer, Fischgerichte. *Mile Gully Road | Tel. 993 73 74 | €–€€*

■ ÜBERNACHTEN

MOCKINGBIRD HILL HOTEL
Etwas östlich von Port Antonio liegt dieses kleine Hotel im karibischen Baustil – auf einem Hügel mit Blick auf die Blue Mountains und auf das Meer. Angelegte Wege führen durch die üppige Vegetation der Hotelgärten. Die Besitzerinnen sind kunstinteressiert (mit eigener Galerie) und ökologisch engagiert. *10 Zi. | Tel. 993 71 34 | Fax 993 71 33 | www.hotelmockingbirdhill.com | €€*

TRIDENT VILLAS & HOTEL
Die Zimmer und Villen sind luftig und hell, und sie gewähren vor allem ein Höchstmaß an Ruhe und Privatsphäre. Die Anlagen zeugen von ho-

>LOW BUDGET

> *Route Taxis:* Die zumeist weißen Toyotas haben rote Nummernschilder. Auf festgelegten Routen werden so viele Fahrgäste eingesammelt, wie reinpassen (halbstündige Fahrt ca. 2 US$, eine Stunde 3 US$).

> Einfache, preiswerte Unterkünfte (schon ab 40 US$) mit gemeinsamer Küche bietet das *Negril Yoga Centre.* Ideal für alleinreisende Frauen. *8 Zi. | Beach Road | Tel. 957 43 97 | www.negrilyoga.com*

> Der berühmte *Blue Mountain Coffee* ist in den Duty-free-Shops der Flughäfen wesentlich billiger als in den Supermärkten oder Souvenirläden.

> Gute *patties* (Teigtaschen) und *spice buns* (Würzbrötchen mit Muskat und Ingwer) für 3–8 US$ gibt es in der *Coronation Bakery* in Port Antonio. *Musgrave Market | 18 West St.*

JAMAIKA

her britischer Gärtnerkunst, die Lage des Swimmingpools ist kaum zu übertreffen. *26 Zi. | Tel. 993 26 02 | Fax 993 29 60 | www.tridentvillas. netfirms.com | €€€*

■AUSKUNFT

JAMAICA TOURIST BOARD
City Centre Shopping Centre | Tel. 993 30 51 und 993 25 87 | Fax 993 21 17

Einschiffen und entspannen: Floßfahrt auf dem Rio Grande

■STRAND

BOSTON BAY
Die schöne Badebucht ist mit Duschen ausgestattet, und der Wellengang erlaubt bescheidene Versuche im Wellenreiten. Hier gibt es das beste jerk pork und jerk chicken der Insel. *An der A 4 östlich von Port Antonio*

■AM ABEND

ROOF CLUB ▶▶
Freitag- und Samstagnacht: Partystimmung! *Ab 23 Uhr | Eintritt 1 US$ | 11 West Palm Ave.*

■ZIEL IN DER UMGEBUNG

REACH FALLS ★ [132 B5]
Dieser Wasserfall, der ungefähr 20 km südöstlich von Port Antonio liegt, ist nicht leicht zu erreichen, lohnt aber unbedingt einen Besuch. Die Reach Falls sind nicht so touristisch überlaufen wie die Dunn's River Falls, und sie sind auch sehr viel kleiner und nicht so hoch. Sie können hier in einem kleinen Pool unterhalb des herabfallenden Wassers ein kühlendes Bad nehmen und nachher frische Kokosnussmilch trinken. *Tgl. 9–17 Uhr | Eintritt 4 US$*

> BELIEBTESTES FERIENZIEL DER KARIBIK

Im östlichen Teil der Insel Hispaniola hat sich der Tourismus mit Siebenmeilenschritten entwickelt

> Die Dominikanische Republik hat oft mit ihren Nachbarinseln das Schicksal geteilt: entdeckt von Kolumbus, kolonisiert durch die Spanier, zur Zuckerinsel avanciert, vernachlässigt von den Spaniern, nach Unabhängigkeit strebend, unter der Diktatur leidend und zuletzt von den USA überfallen. Kuba und Puerto Rico haben dies ganz ähnlich erlebt. Dennoch ist die Dominikanische Republik anders, ein Staat mit eigener Geschichte, einer von zweien auf einer Insel. Und

die Nachbarschaft mit Haiti ist keineswegs immer eine gute gewesen.

Die Dominikaner sind ein selbstbewusstes, ja stolzes Volk. Auch das haben sie mit ihren spanischstämmigen Nachbarn gemein. Und sie haben, wie jene, Grund zu diesem Stolz. Nicht nur wegen der Schönheit ihres Landes und seiner traditionsreichen Geschichte, sondern auch wegen ihrer eigenen Leistungen in der Gegenwart. Trotz der rasanten Ent-

Bild: Strand von Punta Cana

DOMINIKANISCHE REPUBLIK

wicklung des Tourismus befindet sich die Dominikanische Republik noch immer auf der Schwelle zum modernen Industriestaat. Die Tatsache, dass sie das beliebteste Urlaubsziel der Karibik ist, hat die schwierige wirtschaftliche Lage der Bevölkerung kaum verändert. Viele Dominikaner verlassen das Land, um auf Nachbarinseln oder in den USA Arbeit zu finden. Auch der Trend des All-inclusive-Urlaubs schleust die Devisen an den Einheimischen förmlich vorbei.

Für die Dominikaner aber hat dies alles nur eine untergeordnete Bedeutung: Sie kennen und lieben ihr Land so, wie es ist. Und sie zeichnen sich aus durch Lebensfreude, die sich bei jeder Gelegenheit offenbart: bei einem Fest zu Ehren des Namenspatrons eines Dorfes, beim Dominospiel nach Feierabend oder beim Merenguetanz am Samstagabend.

Ausführliche Informationen finden Sie im MARCO POLO Band „Dominikanische Republik".

teln einen Eindruck von Beschaulichkeit in der rastlosen Hektik der Stadt.

PUERTO PLATA

[134 A1] Puerto Plata (110 000 Ew.) ist das Einfallstor für die Touristen, die im Nordwesten der Insel, der sogenannten Bernsteinküste, landen. Viele von ih-

■ SEHENSWERTES ■

FORTALEZA SAN FELIPE

Das 1540 errichtete Fort diente früher der Verteidigung gegen die ständig drohenden Piratenangriffe auf Stadt und Hafen. Es wurde schön res-

Ein schönes Plätzchen zum Ausruhen beim Fort San Felipe

nen sehen nicht viel mehr als diesen Ort, ihr Hotel und den Flughafen. In der Altstadt von Puerto Plata finden sich sehr schöne – oft renovierungsbedürftige – Bauten aus der Kolonialzeit. Ein Spaziergang am Malecón, der auf einer Länge von etwa 5 km parallel zum Strand verläuft, oder eine Rast im Schatten unter den Bäumen des Parque Central vermit-

tauriert und beherbergt eine kleine militärhistorische Ausstellung. *Do bis Di 9–16.30 Uhr | Eintritt 1 US$ | Malecón (am Hafen)*

MUSEO DEL AMBAR

Bernstein wird an der ganzen Nordküste gefunden. Die hier ausgestellte Sammlung ist klein, aber erlesen und informativ. *Mo–Sa 9–18 Uhr | Ein-*

> *www.marcopolo.de/karibik-grosse-ant*

tritt 1,50 US$ | Calle Duarte 61 |
www.ambermuseum.com

OCEAN WORLD

Freizeitpark mit Wasserabenteuern wie Seelöwendressur, Schwimmen mit Delphinen und Schnorcheltour. Weitere Attraktionen sind Haie, schwimmende Tiger (!) und exotische Vögel. *Tgl. 9–17 Uhr | Eintritt 55–145 US$ | Cofresí (Straße nach Santiago) | Tel. 291 10 00 | www.oceanworldadventurepark.com*

PICO ISABEL DE TORRES ⭐ ☀

Der Hausberg Puerto Platas erhebt sich bis zu einer Höhe von fast 800 m. Sie müssen nicht klettern, um die Sicht vom Gipfel zu genießen – bequemer geht es mit der Seilbahn. Oben warten eine Nachbildung der bekannten Christus-Statue von Rio de Janeiro und ein kleiner botanischer Garten auf Besucher. *Seilbahn Do–Di 9–17 Uhr | 5 US$ | südwestlich der Stadt Richtung Santiago*

■ ESSEN & TRINKEN ■

ACUARELA ⭐

Exzellente Küche in einem alten Holzhaus mit Garten. Samstags ab 23 Uhr Livemusik. Spezialitäten sind Meeresfrüchte wie Hummer und Scampi, aber auch Lamm und Huhn in Thai-Basilikum. Die Restaurantwände zieren Gemälde des Künstlers Rafi Vásquez. *Calle Prof. Certad 3 | Tel. 261 10 00 | €€€*

CAFÉ CITO

An der Straße zur Playa Dorada, etwas abseits vom Rummel. Sehr gutes Essen bei Jazzmusik. *Tel. 586 79 23 | €*

COMACHO

Gute dominikanische Küche. *Circunvalación Norte | Malecón | Tel. 685 63 48 | €*

■ EINKAUFEN ■

MACALUSO'S JEWELRY CAFÉ

 und Kunsthandwerk. *Calle Duarte 32*

MARCO POLO HIGHLIGHTS

⭐ **Pico Isabel de Torres**
Aufstieg auf den Hausberg von Puerto Plata – per Seilbahn (Seite 67)

⭐ **Acuarela**
Köstliches Essen, echte Gemälde und Livemusik in Puerto Plata (Seite 67)

⭐ **Altos de Chavón**
Künstlerdorf im Stil der Kolonialzeit (Seite 69)

⭐ **Los Haïtises**
Nationalparkbesuch mit dem Boot (Seite 71)

⭐ **Las Terrenas**
Traumstrand mit gemütlichen Hotels (Seite 71)

⭐ **Zona Colonial**
Die ehrwürdige Altstadt von Santo Domingo (Seite 73)

⭐ **Guácara Taína**
In Santo Domingo: Nachtleben in der Grotte (Seite 75)

⭐ **Isla Cabritos**
Natürlich erhaltene Tier- und Pflanzenwelt (Seite 75)

■ ÜBERNACHTEN ■

APARTA-HOTEL LOMAR

Direkt an der Uferstraße gelegenes Stadthotel. Einige der Zimmer haben Balkone mit Blick aufs Meer. *18 Zi. | Avda. Malecón | Tel. 320 85 55 | Fax 586 50 50 | €*

GRAN VENTANA BEACH RESORT

Neues Resort nahe dem Golfplatz. Drei Restaurants, fünf Bars, *Kids' Club* und alle Annehmlichkeiten. *510 Zi. | Playa Dorada | Tel. 320 32 32 | Fax 320 40 17 | www.granventanahotel.com | €€*

HOTEL VICTORIANO

Kleines, freundliches Hotel in einer Seitenstraße des Zentrums von Puerto Plata. *25 Zi. | Calle San Felipe 33 | Tel. 586 97 52 | €*

■ AM ABEND ■

CRAZY MOON ▶▶

Gut besuchte Disko mit Latin Music und Hip-Hop. *Paradise Beach Club & Casino | Playa Dorada*

■ AUSKUNFT ■

TOURISTENINFORMATION

José del Carmen Ariza 45 | Tel. 586 36 76

■ ZIELE IN DER UMGEBUNG ■

CABARETE   [134 B1]

Seit das 8000 Einwohner zählende Dorf an der Küste (ca. 25 km östlich von Puerto Plata) von Windsurfern entdeckt wurde, ist hier richtig was los. Vor allem junge Leute haben die Infrastruktur mit Gästehäusern und Strandbars geprägt. Im Juni wird hier die *World Windsurf Championship* ausgetragen. *Das* Hotel für Kite-

freaks ist das ▶▶ ☌ *Kite Beach Hotel (30 Zi. | Carretera Sosúa Cabarete | Tel. 809/571 08 78 | Fax 571 02 78 | www.kitebeachhotel.com | €€–€€€).* Die Zimmer haben Balkone, es gibt einen Pool und eine Beachbar, und man kann Kiteboardunterricht nehmen. Die angesagte ▶▶ *Disko Onno's* liegt am Strand (Eingang bei *Harrison's Jewellers*). Von Mitternacht bis 4 Uhr morgens drängelt sich hier die Kiterszene.

PLAYA GRANDE   [134 B1]

Ein Pudersandstrand rund 100 km östlich der Stadt, an dem sich der All-inclusive-Tourismus etabliert hat.

SANTIAGO DE LOS
CABALLEROS   [134 A1–2]

Die Industriestadt (700 000 Ew.), die zweitgrößte Stadt der Dominikanischen Republik, liegt ca. 40 km südlich von Puerto Plata. Den Touristen bietet sie nicht viel. Da Santiago in einem wichtigen Tabakanbaugebiet liegt, werden Zigarrenraucher vielleicht am *Museo del Tabaco (Di–Fr 9–12 und 14–17, Sa 9–12 Uhr | Eintritt frei | Avda. 16 de Agosto)* interessiert sein, das dem Tabakanbau und seiner Geschichte gewidmet ist.

SOSÚA   [134 B1]

Die 30 km östlich von Puerto Plata gelegene Stadt wurde 1940 zum Zufluchtsort für deutsche und österreichische Juden. Viele dieser Exilsuchenden zogen in die Vereinigten Staaten weiter, sodass sich heute nur noch wenige Familien auf ihre Herkunft und ihren Glauben besinnen. Trotzdem ist noch immer Deutsch auf den Straßen des 20 000-Einwohner-Ortes zu hören, der zu einem beliebten Ferienziel geworden ist.

LA ROMANA

[134 C2] **Die Hafenstadt (140 000 Ew.) liegt an der Südküste der Dominikanischen Republik, ungefähr 130 km östlich von Santo Domingo.** Sie ist ein wichti-

den Eindruck einer Siedlung aus der spanischen Kolonialzeit. In den verschiedenen kleinen Gebäuden sind Ateliers und Werkstätten untergebracht sowie Geschäfte, in denen die Werke der Künstler und Kunsthandwerker verkauft werden, außerdem Restaurants und Apartments. Einen guten Buchladen gibt es hier eben-

In schöner Lage: das Künstlerdorf Altos de Chavón bei La Romana

ges regionales Zentrum, vor allem für die Zuckerindustrie, und hat sich durch nordamerikanische Investitionen zu einem der bedeutenden Ferienorte des Landes entwickelt.

SEHENSWERTES

ALTOS DE CHAVÓN ★ ☼

Obwohl erst Ende der 1970er-Jahre entstanden, erweckt das Künstlerdorf dennoch auf sehr gelungene Weise

falls *(Stanton's Book Store)*. Wenn Sie das Dorf besuchen, sollten Sie auch einen Blick auf das große *Amphitheater* werfen. Das *Museo Arqueológico Regional (tgl. 9–20 Uhr | Eintritt frei)* bietet interessante Informationen und eine anschauliche Sammlung zum Leben in der Taino-Zeit. *Wenige Kilometer östlich der Hotelanlage Casa de Campo | www.altosdechavon.com*

ESSEN & TRINKEN

EL SOMBRERO

Mexikanisches Restaurant mit Mariachi-Musik. *Casa de Campo | Tel. 523 33 33 | €*

ÜBERNACHTEN

CASA DE CAMPO

Über 350 Zimmer und 150 Ferienwohnungen verteilen sich auf dem fast 30 km^2 großen Gelände. Es gibt neun Restaurants, vier Golfplätze, einen Reitstall, kaum zu zählende Tennisplätze und Swimmingpools, Busse und andere Transportmittel sowie einen eigenen Flugplatz für die Gäste. Nicht unbedingt geeignet, um der Anonymität zu entfliehen, aber eine perfekt ausgestattete Hotelanlage. *Tel. 523 33 33 | Fax 523 85 48 | www.casadcampo.com | €€€*

STRAND

Der Strand der Hotelanlage Casa de Campo, *Las Minitas*, ist auch für Nichtgäste frei zugänglich.

AUSKUNFT

OFICINA DE TURISMO

Ave. Libertad | Tel. 550 69 22

ZIELE IN DER UMGEBUNG

HIGÜEY [134 C2]

Die ca. 40 km nordöstlich von La Romana gelegene Provinzhauptstadt (100 000 Ew.) wurde schon 1494 gegründet und ist damit eine der ältesten Siedlungen der Neuen Welt. Bekannt ist die Wallfahrtskirche *Nuestra Señora de la Altagracia,* in der die Schutzpatronin der Dominikanischen Republik verehrt wird.

PUNTA CANA [134 C2]

Die Region liegt 75 km östlich von La Romana und Higüey am Anfang der sogenannten Kokosnussküste *(Costa de Coco)* – ein einziger, unendlich langer, palmenbestandener Sandstrand, der sich längst zum Hauseigentum der luxuriösen Touristenghettos *Juanillo Beach* und *Bávaro Beach* entwickelt hat.

Der palmenbestandene Bávaro Beach ist Teil der Costa de Coco

SAMANÁ

[134 C2] **Die Hauptstadt der gleichnami-gen Halbinsel im Nordosten der Dominika-nischen Republik wurde 1756 von Familien gegründet, die von den Kanarischen Inseln eingewandert waren.** Nach einem ver-heerenden Feuer 1946 wurde Sa-maná vollkommen neu aufgebaut. Das geruhsame Leben des Klein-städtchens (40 000 Ew.) spielt sich tagsüber auf der Uferpromenade des Hafens ab, dem *Malecón.* Im Hafen dümpeln die Fischerboote, und von hier aus legen auch die Boote zum Nationalpark Los Haïtises und die Fähren nach Sabana de la Mar ab. Die nahe gelegene Insel *Cayo Levan-tado* ist mit ihrem weißen Sandstrand ein beliebter Picknickplatz.

■ ESSEN & TRINKEN

BAR LE FRANCE
Meeresfrüchte und guter Fisch im Freiluftcafé direkt am Wasser. *Male-cón* | *Tel. 809/538 22 57* | €

LA MATA ROSADA
Hier essen Sie original dominikani-sche Spezialitäten und sehen dabei dem Treiben im und am Hafen zu. **Die Scampi sind ein Gedicht!** *Avda. Malecón 5* | *Tel. 538 23 88* | €–€€

■ EINKAUFEN
Am Malecón gibt es ein paar gute Schmuckläden, in denen Larimar, Bernstein und Silberarbeiten ver-kauft werden.

■ ÜBERNACHTEN

TROPICAL LODGE ☼
Angenehmes Wohnen mit schönem Blick. Saubere Zimmer und ein gutes

Restaurant. *17 Zi.* | *Avda. Malecón* | *Tel. 538 24 80* | *Fax 538 20 68* | €

■ STRAND
Die *Playa Escondida* liegt in einer kleinen Bucht südlich der Stadt.

■ AUSKUNFT

TOURISTENINFORMATION
Avda. Malecón 5 | *Tel. 538 24 51*

■ ZIELE IN DER UMGEBUNG

LOS HAÏTISES ★ [134 B2]
Der Nationalpark liegt ca. 20 km südlich an der Bucht von Samaná und ist nur mit dem Boot zu errei-chen, entweder von Samaná aus oder über Sabana de la Mar. Der Park ist ein Karst- und Mangrovengebiet, in dessen Kanälen, Flussmündungen und Buchten Sie eine Vielzahl ver-schiedener Vögel beobachten kön-nen. Doch nicht nur Vogelliebhaber, sondern auch Pflanzenfreunde wer-den hier ihre Entdeckungen machen.

SABANA DE LA MAR [134 B2]
Das ehemalige Fischerdorf hat heute ca. 15000 Einwohner und ist ein kleines, noch angenehm ruhiges Tou-ristenzentrum. Es liegt gegenüber von Samaná in ca. 20 km Entfernung an der Südseite der Bucht. In der Nähe gibt es schöne Strände wie die *Bahía de la Jina.*

LAS TERRENAS ★ [134 B2]
Rund 20 km westlich, an der Nord-küste der Halbinsel Samaná, liegt der ruhige Ort Las Terrenas (ca. 13 000 Ew.). Nach einer atemberaubenden Fahrt über die Hügelkette im Inneren der Halbinsel kommt man hinunter an die Küste und findet sich inmitten

von Palmenhainen und Bananen-plantagen wieder. In der *Haitian Caraibes Art Gallery (Calle Principal 159)* können Sie außergewöhnliche Skulpturen, haitianische Gemälde, Voodoo-Bilder und Zigarren (mit eigener Marke) erstehen.

In der großen Freiluftdisko ▶▶ *Nuevo Mundo (Ave. Duarte)* kann man von 21 bis 2 Uhr zu Merengue und Latinomusik tanzen. Unterkunft finden Sie z. B. im einsam an einer Bucht gelegenen *Hotel Atlantis (18 Zi. | Playa Bonita | Tel. 240 61 11 | Fax 240 62 05 | www.atlantis-hotel. com.do | €)* und im *Kanesh Beach (15 Zi. | westlich von Las Terrenas | Tel. 240 60 80 | Fax 240 61 77 | www. lascayenas.com | €€).*

▶LOW BUDGET

▶ *Mercado Modelo:* Wer hier geschickt handelt, erzielt die besten Preise für Holzschnitzereien, haitianische Gemälde, Bernsteinschmuck und Rattanmöbel. *Mo–Sa 9–17 Uhr | Ave. Mella | Santomé | Santo Domingo*

▶ *Café de Paris:* Restaurantbar mit guten Pizzas, Crêpes und Salaten für nur 4–10 US$. *Tgl. 8–23 Uhr | Malecón | Samaná*

▶ *Motoconchos:* Die dominikanischen Motorradtaxis sind bei gutem Wetter und auf kurzen Strecken eine echte Alternative zu herkömmlichen Taxis. Preis vorher verhandeln!

▶ Preiswert und freundlich: Das *Hotel Castilla*, ein Stadthotel aus dem 19. Jh., hat Zimmer für 15–30 US$. *9 Zi. | Calle José del Carmen Ariza | Puerto Plata | Tel. 809/586 72 67 | sams.bar@codetel.net.do*

SANTO DOMINGO

 KARTE IN DER HINTEREN UMSCHLAGKLAPPE

[134 B2] Santo Domingo (2,5 Mio. Ew.), die Hauptstadt der Dominikanischen Republik, ist ein unüberschaubarer Moloch – mit einem schönen, ehrwürdigen alten Gesicht, der Zona Colonial, aber auch mit hässlichen Fratzen, Betonburgen und Armenvierteln. Santo Domingo de Guzmán, wie die Stadt heute mit vollem Namen heißt, war im 16. Jh. der wichtigste Ort in den spanischen Kolonien. Bartolomé Kolumbus, der Bruder des großen Entdeckers, gründete auf der Westseite des Río Ozama das Städtchen Nueva Isabel, das schon bald von einem Sturm zerstört wurde. Die Neugründung am Westufer war der Ursprung des heutigen Santo Domingo. Vor ihrer Umsiedlung nach Mexiko-Stadt residierten hier die Vizekönige, die im Namen ihrer katholischen Majestäten die spanischen Länder in der Neuen Welt regierten. Hier sammelten sich die beladenen Silberschiffe auf ihrem Weg zurück in die Heimat, von hier aus zogen Konquistadoren aus auf der Suche nach neuen Ländern, Schätzen und Wundern. Aber auch Katastrophen und Unglück hat die Stadt erlebt. So plünderte Ende des 16. Jhs. der englische Freibeuter Francis Drake im Auftrag seiner protestantischen Königin die Stadt und hinterließ wenig mehr als ein Trümmerfeld. 1992 wurde Kolumbus zu Ehren das *Faro a Colón*, ein gigantisches, in Kreuzform gehaltenes Grabmal, als Wahrzeichen der Stadt errichtet.

Der Alcázar de Colón liegt in der historischen Altstadt von Santo Domingo

◼ SEHENSWERTES ◼

MUSEO DE LAS CASAS REALES [U F4]

Hier werden drei Jahrhunderte dominikanischer Geschichte dokumentiert, vom frühen 16. Jh. bis zur Unabhängigkeit von Spanien (1821). Neben vielen Exponaten zum Alltagsleben in dieser Zeit und zur Militärgeschichte gibt es eine besondere Attraktion: die Schätze aus zwei spanischen Galeonen, die vor der Küste Hispaniolas durch Hurrikane versenkt wurden. *Tgl. 9–17 Uhr | Eintritt 1 US$ | Calle Las Damas/Calle Mercedes*

PLAZA DE LA CULTURA [U A5]

Wer sich längere Zeit in Santo Domingo aufhält, sollte unbedingt die Plaza de la Cultura besuchen, die außerhalb der Zona Colonial liegt. Sehenswert sind hier die Nationalbibliothek und das Nationaltheater, ein gutes naturkundliches sowie ein nicht weniger qualitätvolles völkerkundliches Museum. *Museo de Historia Natural Di–So 10–17 Uhr | Museo del Hombre Dominicano Di bis So 10–17 Uhr | Eintritt 1 US$*

ZONA COLONIAL ★

Die historische Altstadt von Santo Domingo ist wie die Altstädte von Havanna und San Juan kulturelles Erbe der einstigen Kolonialmacht Spanien.

Zwischen der Plaza España und dem Fluss erhebt sich der *Alcázar de Colón (Mo–Sa 9–17 Uhr | Eintritt 1 US$ und ein Trinkgeld für den Führer | Calle Emiliano Tejera/Calle Las Damas),* in dem Mitglieder der Kolumbus-Familie gelebt haben. Von der Mitte des 16. Jhs. an wurde der Palast nicht mehr bewohnt. 400 Jahre später wurde er renoviert und in ein Museum umgewandelt. Es vermittelt einen guten Eindruck von den Wohnverhältnissen der frühen Kolonialzeit, wenn auch viele der Möbel und Dekorationsstücke Nachbildungen sind. [U F4]

Im vorderen Teil der *Casa de Bastidas (Di–Sa 8–17, So 9–18 Uhr | Eintritt 2 US$ | Calle Las Damas/ Calle El Conde)* finden Ausstellungen moderner Kunst statt. Mindestens ebenso attraktiv wie der Gebäudekomplex sind die Gartenanlagen des Innenhofes mit alten Bäumen, unter denen Amphoren dekorativ platziert sind. An der Nordseite des Hofes kann man durch ein Gitter einen Blick in einen Teil des Tunnelsystems werfen, das sich in der Kolonialzeit weit unter der damaligen Stadt hinzog. [U F5]

Die *Catedral de Santa María la Menor (tgl. 9–16 Uhr | Calle Arzobispo Merino)* ist nicht nur das beherrschende Bauwerk an der Plaza de Colón, sondern auch die älteste Kathedrale in der Neuen Welt. Schon 1502 wurden hier in einer Kirche – vermutlich nur einer kleinen Hütte – Gottesdienste abgehalten. Sie wurde durch ein stattlicheres Gebäude ersetzt, das Mitte des 16. Jhs. fertiggestellt wurde. Das Innere der gotischen Kathedrale ist in seiner schlichten Größe beeindruckend. In einer Seitenkapelle steht der Sarkophag, in dem bis 1990 die Gebeine des Christoph Kolumbus gelegen haben sollen (die Gelehrten streiten über ihre Echtheit), bevor sie in das im Osten der Stadt liegende Faro a Colón überführt wurden. [U F5]

Im *Panteón Nacional (Di–So 10 bis 17 Uhr | Eintritt frei | Calle Las Damas),* einem ehemaligen Jesuitenkloster, richtete der Diktator Trujillo 1955 eine Grabstätte für die dominikanischen Nationalhelden ein. Der riesige Kronleuchter war ein Geschenk des spanischen „Amtskollegen" Franco. [U F5]

▪ ESSEN & TRINKEN ▪

CAFÉ COCO [U C5]

Kleines Restaurant mit hervorragender Küche und täglich wechselnder Speisekarte. *Padre Billini 53 | Zona Colonial | Tel. 687 96 24 | €€*

FONDA DE LA ATARAZANA [U F4]

Das Restaurant liegt in unmittelbarer Nähe des Alcazár de Colón an einer der alten Straßen der Hauptstadt. Im Innenhof kann man angenehm sitzen und gut essen. *La Atarazana 5 | Tel. 689 29 00 | €€*

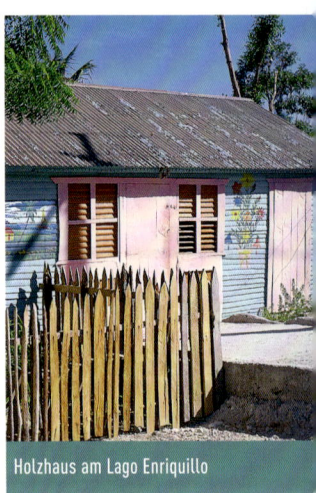

Holzhaus am Lago Enriquillo

MESÓN DE LA CAVA [0]

Auf einer Wendeltreppe geht es hinab in eine Höhle. In diesem Ambiente kommen internationale und kreolische Köstlichkeiten auf den Tisch. Rechtzeitig reservieren! *Parque Mirador del Sur | Tel. 533 28 18 | €€€*

VESUVIO I [U A6]

Das italienische Restaurant am Malecón ist wegen der Frische der Zutaten und der liebevollen Zubereitung der Gerichte beliebt. *Avda. George Washington 521 | Tel. 221 19 54 | €€*

■ EINKAUFEN ■

Die modernen Einkaufsstraßen der Hauptstadt sind die *Calle Duarte* und *Calle El Conde.*

LA ATARAZANA [U F4]

Schon in frühen Kolonialzeiten war diese Gasse ein Zentrum für Handel und Kommerz. Heute sind die Geschäfte auf die Touristen spezialisiert, die in der Zona Colonial umherstreifen. *Gegenüber dem Alcazár de Colón*

■ ÜBERNACHTEN ■

HOSTAL NICOLÁS NADER [U E5]

Das Kolonialgebäude ist auch eine Art Galerie moderner Kunst mit Werken, die zum Verkauf stehen. Die schönsten der zehn Zimmer liegen im oberen Bereich. *Calle Duarte y General Luperón | Tel. 687 66 74 | Fax 687 78 87 | www.hostalnader.com | €€*

HOTEL PALACIO [U E5]

Alter Stadtpalast, die renovierten Zimmer sind mit dunklen Stilmöbeln und feinen Fliesen dekoriert. Pool. *40 Zi. | Calle Duarte 106 | Zona Colonial | Tel. 682 47 30 | Fax 687 55 35 | www.hotel-palacio.com | €€*

■ AM ABEND ■

GUÁCARA TAÍNA ★ [U E5]

Interessant beleuchtete Riesendisko in einer Höhle mit Stalaktiten und Wandmalerei. Livebands, Merengue-Workshops. *Tgl. ab 21 Uhr | Paseo de los Indios | Avda. Cayetano Germosén*

■ AUSKUNFT ■

SECRETARÍA DE ESTADO
DE TURISMO [U B5]

Avda. México/Calle 30 de Marzo | Tel. 221 46 60 | Fax 682 38 06

■ ZIELE IN DER UMGEBUNG ■

BARAHONA UND
LAGO ENRIQUILLO [134 A2–3]

Im tiefen Südwesten der Insel, nahe der Grenze zu Haiti, liegt die touristisch noch wenig erschlossene Provinz Barahona mit der gleichnamigen Hafenstadt (70 000 Ew.). Die Küstenstraße windet sich von Dorf zu Dorf, vorbei an Buchten, kleinen Stränden, Wasserfällen und Palmenhainen. Ca. 100 km weiter westlich kommen Sie an den *Lago Enriquillo,* einen ca. 200 km² großen See mit interessanter Tier- und Pflanzenwelt des Nationalparks ★ *Isla Cabritos.* Auf der Insel leben noch etwa 300 Exemplare der bis zu 7 m langen Spitzkrokodile, die man vor allem abends gut beobachten kann. Der Naturpark ist auch Lebensraum für Flamingos und andere seltene Vogelarten sowie für Leguane, Schildkröten und Manatis (Seekühe). Unterkunft in Barahona: *Hotel Club Quemaito (14 Zi. | Juan Esteban | Carretera Barahona | Tel./Fax 223 09 99 | €)* mit 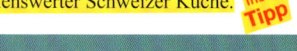 empfehlenswerter Schweizer Küche. **Insider Tipp**

Bewohner der Isla Cabritos: ein Leguan

> DER SPANISCHE TEIL DER USA

Die Sprache ist anders, aber sonst ist hier vieles wie auf dem Kontinent

> Welcome to America!" Puerto Rico (3,9 Mio. Ew.) lässt keinen Zweifel aufkommen: Sie befinden sich auf dem Boden der Vereinigten Staaten.
Schon die Prozeduren von Einwanderungsbehörden und Zoll am Flughafen erinnern an den John F. Kennedy Airport in New York – nur dass die Warteschlangen nicht ganz so lang sind. Und San Juan ist eindeutig eine amerikanische Großstadt mit lateinamerikanischem Einschlag: Hochhäuser, Stadtautobahnen und irrwitziges Verkehrsaufkommen.

Auf der Insel selbst, außerhalb der Stadt, zeigt sich das spanische Erbe weitaus unverfälschter, ohne den oberflächlichen Glanz der Metropole San Juan. Auch wenn in den kleinsten Orten die Straßenkreuzer aus Detroit das Bild bestimmen: Hier hilft manchmal sogar die englische Sprache nicht weiter, ohne Spanisch geht nichts.

Bild: Ponce

PUERTO RICO

Urlauber werden am ehesten die Altstadt von San Juan kennenlernen wollen, die neueren Stadtteile Isla Verde und Condado mit ihren großen Hotels sowie die Nordküste, an der die beliebtesten Strände liegen. Aber Sie sollten auch die Schönheit des Landesinneren erkunden. Die endlosen Ananasfelder, die Bananenhaine und die sanften Hügel der Cordillera Central veranlassen Sie möglicherweise sogar, auf der Ruta Panorámica die Insel von Osten nach Westen zu durchqueren. Vielleicht statten Sie auch Ponce, der zweitgrößten Stadt Puerto Ricos, einen Besuch ab.

MAYAGÜEZ

[135 D2] **Die drittgrößte Stadt (100 000 Ew.) Puerto Ricos liegt an der Westküste, in einer Gegend, die ihrer schönen Strände wegen bei Badeurlaubern und Surfern beliebt ist.** Mayagüez selbst ist modern und weltoffen, hält aber nur wenige Sehenswürdigkeiten bereit. Nach einem verheerenden Erdbeben Anfang des 20. Jhs. musste die Stadt vollkommen neu aufgebaut werden – alte Gebäude sind daher kaum noch zu sehen.

Ein Großteil der Bevölkerung lebt direkt oder indirekt vom Thunfisch. In der Stadt befindet sich eine große Thunfischverarbeitungsanlage, die Pflanzen und Gehölze, die in Zusammenarbeit mit der Universität von Puerto Rico erforscht werden. *Mo bis Fr 7–16 Uhr | Eintritt frei | Route 65*

MAYAGÜEZ ZOO

Der Zoo lohnt einen Besuch, weil hier versucht wird, die Tiere in möglichst artgerechter Umgebung zu halten. *Mi–So 9–16 Uhr | Eintritt 6 US$ | Route 108 | Barrio Miradero*

Wer auf den Leuchtturm der Halbinsel Cabo Rojo steigt, erlangt Weitblick

vielen Einwohnern Arbeit gibt. Hier werden über die Hälfte der Thunfischdosen gefüllt, die in den USA verzehrt werden.

SEHENSWERTES

ESTACIÓN EXPERIMENTAL AGRICOLA FEDERAL

Die Anlage untersteht dem US-amerikanischen Landwirtschaftsministerium – eine der weltgrößten Sammlungen tropischer und subtropischer

ESSEN & TRINKEN

EL CASTILLO RESTAURANT

Internationale und karibische Küche. Es gibt täglich ein Lunchbuffet und jeden Freitag ein „Seafood Festival". *Mayagüez Resort | Route 104 | Tel. 832 30 30 | €–€€*

EINKAUFEN

MAYAGÜEZ MALL

Ein Einkaufszentrum amerikanischer Prägung an der *Plaza del Mercado.*

Auch sonst gibt es um die Plaza herum interessante Geschäfte.

■ ÜBERNACHTEN

MAYAGÜEZ RESORT & CASINO ❋

Das Hotel liegt einige Kilometer nördlich der Stadt auf einem Hügel mit Blick auf den Hafen. *141 Zi. | Route 104 | Tel. 832 30 30 | Fax 265 30 20 | www.mayaguezresort. com | €€–€€€*

PARADOR EL SOL

Helle, saubere Zimmer mit allem Komfort mitten in Mayagüez. *52 Zi. | Calle Santiago Riera Palmer | Tel. 834 03 03 | Fax 265 75 67 | €–€€*

■ ZIELE IN DER UMGEBUNG

AGUADILLA   [135 D2]

Das 25 km nördlich von Mayagüez gelegene Küstenstädtchen (20 000 Ew.) behauptet, der Ort zu sein, an dem Kolumbus zuerst seinen Fuß auf Puerto Rico setzte. Leider hat der Entdecker den Namen Aguadilla in seinem Bordbuch nicht festgehalten, sodass die Nachbarstadt Aguada diese Ehre ebenfalls für sich in Anspruch nehmen kann. Immerhin hat Aguadilla einen schönen Badestrand mit guten Möglichkeiten zum Surfen.

CABO ROJO   [135 D3]

Das „Rote Kap" ist eine Halbinsel an der Südwestspitze Puerto Ricos. Hier, 20 km südlich von Mayagüez, ist wenig los, außer vielleicht am *Strand von Boquerón,* der von den **Insider Tipp** Einheimischen zu den besonders schönen der Insel gezählt und dementsprechend frequentiert wird.

Vom ❋ *Cabo-Rojo-Leuchtturm* aus, am südlichsten Zipfel der Insel, können Sie einen einzigartigen Blick auf die Umgebung genießen.

RINCÓN   [135 D2]

Neben den schönen Stränden, die sich allerdings viel eher zum Surfen und Sonnenbaden als zum Schwimmen eignen, verfügt der 6000-Einwohner-Ort 20 km nördlich von Mayagüez vor allem über eine Attraktion: das Hotel ★ *Horned Dorset Primavera (33 Zi. | Apartado 1132 | Rincón | Route 429 | Tel. 823 40 30 | Fax 823 55 80 | www. horneddorset.com | €€€).* Hierher kommt man, um zu entspannen, in

MARCO POLO HIGHLIGHTS

★ **Horned Dorset Primavera**
Das ideale Hotel für Müßiggänger
(Seite 79)

★ **Altstadt von San Juan**
Das Erbe der Kolonialherren
(Seite 83)

★ **Ruta Panorámica**
Eine Straße durch die Berge
(Seite 82)

★ **La Mallorquina**
Die beste *asopao* in der Stadt
(Seite 85)

★ **Tibes Indian Ceremonial Park**
Eine Art Fußballplatz der Tainos
(Seite 82)

★ **El Yunque Rain Forest**
240 Baumarten im tropischen
Regenwald (Seite 87)

der Sonne zu liegen, den Pool oder die Gartenanlagen zu betrachten. Jedes der Zimmer – eigentlich eher kleine Suiten – hat seinen individuellen Zuschnitt: mal zwei Etagen mit Terrasse, mal zwei durch einen Rundbogen verbundene Gemächer mit Balkon. Wer aus Etatgründen darauf verzichten muss, sollte sich wenigstens den Genuss eines Dinners nicht entgehen lassen.

SAN GERMÁN [135 D2]

Der kleine Ort (37 000 Ew.), 18 km südöstlich von Mayagüez gelegen, ist ein wahres historisches Juwel, eine einmalige Ansammlung spanischer Baukunst aus der Kolonialzeit. Die wunderschöne kleine Kapelle *Porta Coeli* ist ein *Museum (Mi–So 8.30 bis 12 und 13–16.30 Uhr | Eintritt 1 US$)* für religiöse Kunst mit Gemälden und Holzstatuen. Unterkunft finden Sie im Hotel *Parador Oasis (52 Zi. | 72 Luna St. | Tel. 892 11 75 | Fax 892 45 46 | €).*

PONCE

[135 E2] Ponce (150 000 Ew.) hat immer unter der übermächtigen Hauptstadt im Norden gelitten, der Rang als zweite Stadt Puerto Ricos hat vielen Bewohnern Ponces nicht behagt. Dabei konnten sie zu Recht darauf verweisen, dass auch ihre Stadt ein vielfältiges und kulturelles Eigenleben führt und dass sie ein wichtiges wirtschaftliches Zentrum für die gesamte Südküste der Insel ist. Den Touristen hat Ponce einiges zu bieten. Sicherlich sind die Neubauviertel am Stadtrand nicht jedermanns Sache, aber die *Altstadt* mit ihren Plätzen und Gässchen wirkt

sehr viel spanischer als die meisten anderen Orte auf der Insel.

■ SEHENSWERTES

CATEDRAL NUESTRA SEÑORA DE GUADALUPE

Die Kathedrale thront in strahlendem Weiß an der Plaza Degetau. Gewidmet ist das Gotteshaus der Schutzheiligen der Stadt, „Unserer Lieben Frau von Guadeloupe". Ihr zu Ehren zieht einmal im Jahr eine große, farbenfrohe Prozession durch die Straßen der Stadt. *Mo–Fr 6–13, Sa und So 6 bis 20 Uhr | Plaza de Ponce*

MUSEO DE LA HISTORIA DE PONCE

In zehn Ausstellungsräumen veranschaulichen Fotografien, Erinnerungsstücke, Dokumente und Modelle die Geschichte der Stadt. *Mi–Mo 9–17 Uhr | Eintritt 3 US$ | Calle Isabela 51–53*

PARQUE DE BOMBAS

Die Feuerwache der Stadt ist vermutlich die größte Touristenattraktion. Und das nicht ohne Grund, denn man kann sich kaum vorstellen, dass das schwarz-rote Unikum vom Ende des 19. Jhs. mit seinen Simsen und halbrunden Fenstern einem so praktischen Zweck dient. *Mi–Mo 9–18 Uhr | Plaza de Ponce*

PLAZA DE PONCE

Der Hauptplatz von Ponce besteht eigentlich aus zwei Plazas: der *Plaza Degetau* und der *Plaza Múñoz Rivera*. Mit ihren großen, Schatten spendenden Bäumen und dem kühlen Granitpflaster ist die Plaza de Ponce ein guter Ort zum Flanieren und Ausruhen. *Route 1*

PONCE MUSEO DE ARTE

Das Museum ist einzigartig in der ganzen Karibik. Das Gebäude ist ein Meisterwerk moderner Architektur, in den lichtdurchfluteten Räumen ist eine Fülle alter europäischer und moderner Kunst zu sehen: eine umfangreiche Barocksammlung, präraffaelitische Gemälde, präkolumbische Keramik, Art nouveau. Da es kaum möglich ist, alles bei einem Besuch zu genießen, sollten Sie sich zwei oder drei Tage Zeit nehmen. *Tgl. 10 bis 17 Uhr | Eintritt 4 US$ | Avda. Las Américas*

ESSEN & TRINKEN

MARK'S AT THE MELIÁ

Exzellente puerto-ricanische Küche mit frischen Zutaten wird Ihnen hier serviert. Besonders empfehlenswert ist das *Caribbean Shrimp Mofongo.*

Hotel Meliá | 2 Cristina St. | Tel. 842 62 75 | €€

EINKAUFEN

Der Markt findet auf der *Plaza del Mercado* statt. In der *Calle Mayor* gibt es mehrere interessante Geschäfte.

ÜBERNACHTEN

HOTEL BÉLGICA

Stadthotel mit großen, geschmackvoll eingerichteten Zimmern und freundlichem Service. *20 Zi. | 122 Calle Villa | Tel./Fax 844 32 55 | www.hotelbelgica.com |* €–€€

HOTEL MELIÁ

Traditionelles Hotel mit schöner Dachterrasse in der historischen Zone. *78 Zi. | 2 Cristina St. | Tel. 842 02 60 | Fax 841 36 02 | www.hotelmeliapr.com |* €€

Für einen Augenblick scheint in San Germán die Zeit stillzustehen

SAN JUAN

■ AUSKUNFT ■

CENTRO DE INFORMACIÓN

291 Los Cachos Ave. | Vallas Torres Sector Paseo del Sur Plaza | Ste. 3 Merceditas | Tel. 843 04 65

■ ZIELE IN DER UMGEBUNG ■

PARGUERA [135 D2]

Die *Phosphorent Bay* bei Parguera (ca. 45 km westlich von Ponce) ist zwar nicht einmalig, aber ein besonders beeindruckendes Exemplar dieses Naturphänomens. Sie erreichen die Gewässer von Parguera aus auf einem der vielen Boote, die im Hafen ihre Dienste anbieten. Draußen können Sie dann das Schillern des Kielwassers beobachten oder mit der Hand eigene Muster ins Wasser zeichnen. Das eigenartige Irisieren des Wassers wird von einer Algenart verursacht.

RUTA PANORÁMICA ★ ☀ [135 D–F2]

Die Panoramastraße trägt ihren Namen zu Recht. Sie beginnt im Osten der Insel bei *Yabucoa* und windet sich auf einer Länge von 265 km über die Höhen und durch die Täler der Cordillera Central bis an die Westküste bei Mayagüez. Von Ponce aus können Sie sie auf verschiedenen Wegen erreichen und dann entweder gen Osten oder Westen fahren. Einmalige landschaftliche Erlebnisse sind Ihnen auf jeden Fall sicher, und Sie bekommen auch einen Einblick in das Alltagsleben der Land- und Bergbevölkerung. Die Ruta ist relativ gut ausgeschildert, aber Sie sollten die Touristenkarte dabeihaben, die auf Puerto Rico überall erhältlich ist. In der Karte ist der genaue Verlauf der Strecke farbig markiert.

TIBES INDIAN CEREMONIAL PARK ★ [135 D–E2]

Auf diesem Gelände ca. 10 km nördlich von Ponce liegen neben einer Gräberstätte mehrere *bateyes,* Plätze, auf denen die Ureinwohner der Insel, die Taino-Indianer, eine Art Fußballspiel aufführten – Ähnliches ist von den Azteken und Mayas des zentralamerikanischen Festlandes bekannt. Halb Sport, halb Gottesdienst, ähnelte das Spiel vermutlich dem spanischen Pelota. Die Anlagen sind relativ gut erhalten. Außerdem gibt es ein nachgebautes Taino-Dorf und ein Museum. Unter einem der *bateyes* finden sich Zeugnisse vorkolumbischer Menschenopfer: irdene Töpfe und Knochen. *Di–So 9–16 Uhr | Eintritt 3 US$ | Tel. 840 22 55 | westlich von Utuado an der Route 503*

SAN JUAN

[135 E2] Die Hauptstadt Puerto Ricos (ca. 420 000 Ew.) ist ein Teil Florida, ein Teil New York, ein Teil Altspanien – und das alles unter karibischer Sonne. Hier braust der Verkehr wie in zahllosen anderen Metropolen der USA, sodass man sich manchmal kaum über die Straße traut. Hier können Touristen sich wochenlang jeden Tag in einem anderen Fastfood-Etablissement satt essen. Hier stehen in den Geschäftsvierteln die Hochhäuser, hier regiert der Dollar das Geschehen. Dennoch vereint sich in dieser Stadt die liebenswürdige Offenheit der Amerikaner mit dem überschäumenden Temperament der spanischstämmigen Bevölkerung. Man findet leicht Kontakt, vor allem, wenn man ein paar Sätze Spanisch kann.

PUERTO RICO

SEHENSWERTES

ALTSTADT VON SAN JUAN ⭐

Die Altstadt von San Juan ist ein einziges Freilichtmuseum, und insofern erinnert sie an Alt-Havanna oder an die Altstadt von Santo Domingo. Hier wie dort lebt das Erbe der Spanier fort, die ehemalige Kolonialmacht hat die Gesichter dieser Städte unverwechselbar geprägt. Für zielstrebige Besucher steht an oberster Stelle die Festungsanlage ☀ *El Morro (San Felipe del Morro | tgl. 9 bis 17 Uhr | Eintritt 3 US$)* an der Nordwestspitze der Halbinsel, die von den Spaniern zum Schutz des Hafens errichtet wurde. Nach einer Besichtigung der Anlage, die sich über verschiedene Ebenen hinzieht und mit ihren Gängen, Kellern, Zinnen, Plätzen, Türmen und Verliesen einer eigenen kleinen Stadt gleicht, ist es leicht, sich vorzustellen, dass El Morro ein harter Brocken für Angreifer war.

Die zweite Festung schützte San Juan gegen Angriffe vom Land aus. ☀ *San Cristóbal (tgl. 9–17 Uhr | Eintritt 3 US$)* aus dem 18. Jh. ist jüngeren Datums als El Morro und niemals in Feindeshand gefallen.

In der dritten alten Befestigungsanlage der Altstadt, *La Fortaleza (außer an Feiertagen Mo–Fr 9 bis 16 Uhr),* residiert der jetzige Gouverneur der Insel, der jüngste einer langen Reihe von über 170 Amtsinhabern, die von hier aus die Geschicke der Insel lenkten.

Die *Kathedrale* von San Juan *(tgl. 6.30–17 Uhr | Cristo 153)* stammt großteils aus dem 19. Jh., obwohl ihre Anfänge bis ins frühe 16. Jh. zurückreichen. Besonders sehenswert

Erbe aus der Zeit der spanischen Herrschaft in San Juan: die Festungsanlage El Morro

sind die geschwungene Freitreppe und der Marmorsarkophag mit den sterblichen Überresten des ersten Gouverneurs der Insel, Ponce de León. Ursprünglich war Ponce de León in der *Iglesia de San José (Mo bis Sa 8.30–16 Uhr | Plaza de San Juan)* bestattet worden, die fast ebenso alt wie die Kathedrale ist und sich durch ihre gotische Architektur auszeichnet. Besonders das Innere der Kirche wirkt schlicht und sehr erhaben. Neben der Kirche liegt an der *Plaza de San José* das ehemalige Dominikanerkloster, das *Convento de Santo Domingo (Mi–Sa 9–12 und 13–16.30 Uhr | Norzagaray 98 | Plaza de San José)*.

Das Rathaus, die *Alcaldía (Mo–Fr 8–16 Uhr)*, ist ein schönes Gebäude an der Plaza de Armas, deren Baubeginn auf das frühe 17. Jh. datiert ist. Vollendet wurde der Bau allerdings erst im Jahr der Französischen Revolution. Er ist dem Rathaus von Madrid nachgebaut, mit einem stillen Innenhof und einer Galerie im ersten Stockwerk.

Das älteste Gebäude der Stadt, sogar das älteste erhaltene Haus Puerto Ricos, ist die ehemalige Residenz der Nachfahren des ersten Gouverneurs Ponce de León, die ==Casa Blanca== *(Di–So 9–16.30 Uhr | Eintritt 2 US$ | Calle San Sebastián 1)* nahe El Morro. Am *Callejón de la Capilla*, einer typischen Altstadtgasse, steht die *Casa de Callejón,* ein koloniales Wohnhaus aus dem 18. Jh., in dem das *Museo de la Arquitectura Colonial* und das *Museo de la Familia Puertoriqueña* untergebracht sind.

Neben den historischen Gebäuden und den kleinen Gassen sind es vor allem die Plätze der Altstadt, die ein unverwechselbares Bild prägen. Schön anzusehen sind die *Plaza de Colón* mit einer Statue des Entdeckers Christoph Kolumbus, die *Plaza de Armas* mit dem Rathaus und die *Plaza de San José* mit der gleichnamigen Kirche und dem Dominikanerkloster.

BOTANISCHER GARTEN

Der Besuch des fast 0,6 km^2 großen Gartens ist eine gute Möglichkeit, erste Bekanntschaft mit der vielfältigen Inselflora zu schließen. Neben einheimischen Bäumen und Büschen wachsen hier auch viele Pflanzen aus anderen tropischen und subtropischen Gebieten der Welt. Besonders bemerkenswert ist die Sammlung einheimischer Orchideen, die durch viele schöne Züchtungen ergänzt wird. *Tgl. 6–18 Uhr | Eintritt frei | Barrio Venezuela | Route 1 | Kreuzung Route 847*

FUERTE SAN GERÓNIMO

Kleine Festungsanlage aus dem Jahr 1788 in der Nähe des Caribe Hilton. Es lohnt sich, auf die ✽ Wälle zu klettern, um den Blick auf Condado zu genießen. Leider ist der Zugang manchmal geschlossen. *Mi–So 9.30 bis 16.30 Uhr | im Osten | Puerta de Tierra*

MUSEO PABLO CASALS

Das Haus mit dem wohlklingenden Namen, in dem der berühmte spanische Cellist Pablo Casals starb, ist zu einer kleinen Gedenkstätte umgewandelt worden, in der Noten, Musikinstrumente und andere Memorabilien ausgestellt sind. *Di–Sa 9.30* *bis 17.30 Uhr | Eintritt 1 US$ | Calle San Sebastián 101*

SAN JUAN MUSEUM OF ART & HISTORY

Der renovierte Marktplatz aus dem 19. Jh. dient als Kulturzentrum. Hier finden Kunstausstellungen, Konzerte und Festivals statt. *Di–So 10–16 Uhr | Eintritt frei | Calle Norzagaray | Tel. 724 18 75*

es hier an der Plaza Colón. *Calle San Francisco 407 | Tel. 722 52 05 | €–€€*

LA MALLORQUINA ★

Angeblich das älteste Restaurant in San Juan. Die Küche zeichnet sich aus durch eine Mischung aus spanischen und puerto-ricanischen Spezialitäten (probieren Sie die *asopao*).

Ein Bummel durch San Juan führt auch in hübsche Seitenstraßen

ESSEN & TRINKEN

AMADEUS CAFÉ

Puerto-ricanische Nouvelle Cuisine steht in diesem Restaurant auf der Karte, wie z. B. mit Escargots und Pilzen gefüllte Hähnchenbrust in Knoblauchcremesauce. *Calle San Sebastián 106 | Tel. 722 86 35 | €€*

CAFÉ BERLIN

Köstliche vegetarische Spezialitäten, aber auch gute Fleischgerichte gibt

Besonders angenehm ist der Aufenthalt wegen der schönen, alten Einrichtung und der diskreten, schnellen Dienstleistungen der Kellner. *San Justo 207 | Old San Juan | Tel. 722 32 61 | €€*

EINKAUFEN

PLAZA LAS AMÉRICAS

Das größte Shoppingcenter in der ganzen Karibik. *Hato Rey | 4 km südlich von San Juan*

PUERTO RICAN ARTS AND CRAFTS

Eine reiche Auswahl an puerto-rica-
nischem Kunsthandwerk finden Sie
in diesem Geschäft in der Altstadt.
Fortaleza 204 | Old San Juan

■ ÜBERNACHTEN

CARIBE HILTON INTERNATIONAL 🔊

Das Hilton ist das Vorbild aller großen Urlaubshotels in der Karibik. Es
ist immer noch ein Erlebnis, hier
zwischen der Altstadt und dem modernen Viertel Condado am Wasser
zu wohnen. Auch wenn der Glanz
nicht mehr ganz so frisch ist wie
einst. *602 Zi. | Muñoz Rivera | Tel.
721 03 03 | Fax 725 88 49 | www.
hiltoncaribbean.com | €€€*

HOTEL EL CONVENTO

Ein ehemaliges Karmeliterkloster im
spanischen Kolonialstil, der Speise-
raum war früher die Kapelle. Mit
schönem Garten und Swimmingpool.
Exzellenter Service. *59 Zi. | Cristo*

>LOW BUDGET

> Die Sammeltaxis in Puerto Rico hei-
ßen *públicos* und sind an ihren gel-
ben Nummernschildern zu erkennen.
Die Hauptstände *(Centro de Públicos)*
in San Juan befinden sich am Flughafen, in Río Piedras und an der Plaza
de Colón in Old San Juan. Eine Fahrt
nach Ponce kostet 8 US$, nach Maya-
güez 12 US$.

> In Puerto Rico kann man gut zelten,
selbst an einigen öffentlichen Stränden. Auskunft erteilt die *Compañía
de Parques Nacionales (CPNPR)* |
*Tel. 622 52 00 | www.parques
nacionalespr.com*

*100 | Tel. 723 90 20 | Fax 721 28 77
| www.elconvento.com | €€€*

HOTEL MILANO

Das dreistöckige Gebäude aus dem
19. Jh. hat ein Restaurant und eine
Bar auf dem Dach, von der aus man
den Hafen und die Kreuzfahrtschiffe
sieht. *30 Zi. | Fortaleza 307 | Tel.
729 90 50 | Fax 722 33 79 | www.
hotelmilanopr.com | €€*

■ AM ABEND

RUMBA ▶▶

Mittwochs bis samstags afrokubani-
sche Musik und Salsa live. Sehr an-
gesagte Bar. *San Sebastián 152 | Tel.
725 44 07*

STARGATE ▶▶

Hier spielen die DJs House-Musik.
*R. H. Todd Ave. | Sancturce | Tel.
725 46 64*

■ AUSKUNFT

LA CASITA

*Plaza de la Dársena | Old San Juan |
Tel. 722 17 09*

CENTRO DE INFORMACIÓN

*Luis Múñoz Marín International Air-
port | Isla Verde | Tel. 791 10 14 und
791 25 51*

■ ZIELE IN DER UMGEBUNG

DORADO [135 E2]

Das elegante Strandbad ca. 35 km
westlich von San Juan wartet mit den
exklusivsten Hotels der Insel auf.
Der Favorit ist eindeutig das 🔊 *Hyatt
Hacienda del Mar (506 Zi. | Tel.
79 63 00 | Fax 796 36 10 | www.hyatt
haciendadelmar.hyatt.com | €€€)* mit
zwei Golfplätzen.

FAJARDO [135 F2]

Das kleine Städtchen an der Ostküste (ca. 48 km von San Juan entfernt) ist das beliebteste Angel- und Segelzentrum der Insel. Das beste Hotel in Fajardo ist das *Wyndham El Conquistador (918 Zi. | Las Croabas | Tel. 863 10 00 | Fax 863 65 00 | www. elconresort.com | €€€).*

gar Bademeister stehen zur Verfügung. *Von San Juan ca. eine halbe Stunde Fahrt auf der Route 3*

EL YUNQUE RAIN FOREST ⭐ 🌿 [135 F2]

Der gut 112,5 km² große Nationalpark 95 km östlich von San Juan ist vom Auto aus gesehen nicht sehr be-

Reptil im Regenwald: Leguane kommen auf den Großen Antillen häufig vor

LUQUILLO BEACH [135 F2]

An den Wochenenden scheint sich ganz San Juan am 37 km östlich gelegenen Luquillo Beach zu treffen. Man aalt sich in der Sonne oder sitzt im Wasser und hält ein Schwätzchen mit Freunden, Nachbarn und Verwandten. Wenn auch der Strand hoffnungslos überfüllt ist: Die Atmosphäre lohnt einen Besuch. Ein großer Parkplatz, Duschen, Toiletten, Souvenirläden, Imbissstände und so-

eindruckend. Oder besser gesagt, nur dann beeindruckend, wenn man noch nie einen tropischen Regenwald gesehen hat. Dennoch ist der El Yunque Rain Forest ein Juwel. Seine Schönheit erschließt sich aber nur dann in ihrer ganzen Vielfalt, wenn man sich die Mühe macht, ihn auf einem der Wanderpfade zu erkunden. *Caribbean National Forest | tgl. 7.30–18 Uhr | Rio Grande PR | Tel. 888 18 80 | www.fs.fed.us/r8/caribbean*

> KOLONIALES FLAIR UND SONNENSTRÄNDE

Grüne Perlen im strahlend blauen Meer: Die Bahamas sind perfekt zum Baden und Faulenzen

> *Baja mar,* „seichtes Meer", tauften die spanischen Eroberer die inselübersäten Schelfbänke, die sich am Nordrand der Karibik in weitem Bogen von Florida bis zur Südspitze Kubas dehnen.

Im türkisblauen Wasser am Wendekreis des Krebses liegen auf der Great und Little Bahama Bank gut 700 größere Inseln und über 2000 *cayos* oder *cays,* winzige Riffinseln. Nur 30 der Inseln sind jedoch besiedelt, gerade 15 von ihnen haben auch

Hotels und Restaurants. Ein ideales Revier also für moderne Robinsonurlauber und Wasserratten. Schwimmen, Tauchen, Schnorcheln und Segeln – dafür sind die Inseln ideal. Sogar die Nationalparks der Bahamas liegen zumeist unter Wasser, denn die weitgehend unberührte Korallenwelt ist die schönste Attraktion der Inseln.

Nach gut 300 Jahren als englische Kolonie wurden die Bahamas 1973

Bild: Paradise Island bei Nassau

BAHAMAS

unabhängig, blieben aber im Britischen Commonwealth. Gut 300 000 Einwohner hat der Inselstaat heute. Zu 85 Prozent sind sie Nachfahren der von den Plantagenbesitzern importierten westafrikanischen Sklaven. Die meisten Bahamaer leben auf nur zwei Inseln: auf New Providence mit der Hauptstadt Nassau und auf Grand Bahama. Die übrigen Eilande sind nur spärlich besiedelt. Landwirtschaft ist auf den Koralleninseln schlecht möglich, Fischfang und Salzgewinnung geben nur einem geringen Teil der Einwohner Arbeitsplätze. Daher sucht der Staat sein Heil im Tourismus und im internationalen Banking: Mehr als 400 Geldinstitute bieten in Nassau den Steuerflüchtigen einen sicheren Hafen.

Nassau und Freeport sind die Hochburgen des Tourismus. Für den Urlaub in Ruhe sollten Sie weiterziehen, nach Abaco etwa oder Eleuthera. Weiße Sandstrände und glasklares Wasser schimmern dort unter tropischer Sonne wie schon zu Kolumbus' Zeiten. In Nassau und Free-

Auffällig ist, dass viele der rund 14 000 Bewohner Abacos weißer Hautfarbe sind. Sie stammen von Siedlern aus Neuengland ab, die nach

Wie gemalt: bunte Holzhäuser und tropische Gärten in Hope Town auf Abaco

port gibt es auch Touristeninformationen – überall sonst erhalten Sie Auskunft in den Hotels oder von den örtlichen Taxifahrern.

ABACO

[136 C1–2] Wie viele der bahamaischen Archipele wird auch Abaco oft als Einzelinsel bezeichnet. In Wahrheit umringen die gut 150 km lange Hauptinsel mehrere Hundert Eilande. Zum Atlantik hin erstreckt sich eine Kette von Cays, Riffinseln, die den bei Seglern sehr beliebten, fast 100 km langen Sund der „Sea of Abaco" umschließen.

1783 hierher kamen, und sie sind stolz auf ihre Tradition als Bootsbauer und Fischer, als Wrackplünderer und Schmuggler. Kein Wunder, dass viele der Dörfer auf den Cays putzig und pastellbunt aussehen wie in Neuengland.

Auf die schönste Art kann man sich die Abacos vom Wasser aus erschließen. Wer nicht selbst ein Boot steuern will, tuckert mit Fähren vom Hauptort *Marsh Harbour* auf die Cays. Aber auch die Bootsmiete ist kein Problem: Die Handhabung der kleinen Motorboote ist einfach, ein Führerschein nicht nötig.

› *www.marcopolo.de/karibik-grosse-ant*

◼ SEHENSWERTES ◼

HOPE TOWN ⭐

Das Postkartenstädtchen mit seinem rotweiß gestreiften ☸ Leuchtturm liegt nur 15 Minuten Fährfahrt nach Osten von Marsh Harbour entfernt. Bonbonbunte Holzhäuser, umrahmt von tropischen Gärten, prägen das Ortsbild. Das *Wyannie Malone Historical Museum (meist Mo–Sa 10 bis 12.30 Uhr | Eintritt frei)* an der Gillam Street berichtet von den Pioniertagen. Auf der Ostseite der Insel befindet sich ein kilometerlanger Strand.

NEW PLYMOUTH

Ein idyllisches Nest im Zuckerbäckerstil auf Green Turtle Cay. Bis heute leben die 600 Einwohner weitgehend vom Fisch- und Langustenfang. Sehenswert ist der *Sculpture Garden* an der Parliament Street, wo mit Bronzebüsten an die ersten Siedler der Bahamas erinnert wird. Das *Albert Lowe Museum (So geschl. | Eintritt 5 B$)* nebenan erzählt ihre Geschichte.

◼ ESSEN & TRINKEN ◼

HARBOUR'S EDGE

Uriges Restaurant mit Bar am Wasser. Am Wochenende spielen örtliche Bands. *Hope Town | neben dem Fähranleger | Tel. 366 00 87 | €*

JIB ROOM

Sehr beliebtes Hafenlokal. Mittwoch ist Rippchen-Abend, und am Samstag gibt es fabelhafte Riesensteaks. Livemusik. Vorab reservieren. *Pelican Shores | Tel. 367 27 00 | €€*

Insider Tipp

MANGOES RESTAURANT ☸

Beliebter Inseltreff mit Bar und schöner Terrasse über dem Hafen. Frischer Fisch und *conch chowder* (Suppe mit Meeresschneckenfleisch). *Bay Street | Marsh Harbour | Tel. 367 29 57 | €€*

◼ ÜBERNACHTEN ◼

HOPE TOWN HARBOUR LODGE ☸

Nettes, frisch renoviertes Hotel im Zentrum. Einfache Zimmer im historischen Haupthaus, Bungalows am

MARCO POLO HIGHLIGHTS

⭐ Hope Town
Treff der Segler: ein pastellbuntes Piratenstädtchen wie aus dem Bilderbuch (Seite 91)

⭐ Pink Sand Beach
Perfekt für Verliebte: ein Traumstrand mit rosa schimmerndem Korallensand (Seite 94)

⭐ Port Lucaya Marketplace
Karibisches Flair in Freeport: Lokale, Musikbars und Shops direkt am Yachthafen (Seite 95)

⭐ Atlantis Paradise Island
Das spektakulärste Megaresort der Bahamas – inklusive Haifischbecken (Seite 99)

⭐ Dolphin Encounters
Schwimmen mit den Delphinen – für viele ein fast sprituelles Erlebnis (Seite 100)

⭐ Exumas
Eine spritzige Bootstour zu unbewohnten Inseln und einsamen Stränden (Seite 101)

Strand. *26 Zi. | Hope Town | Abaco | Tel. 366 00 95 | Fax 366 02 86 | www.hopetownlodge.com | €€*

HOPE TOWN HIDEAWAYS

Vermietung von Privathäusern für zwei bis acht Personen, rustikal oder luxuriös, im Ort oder am Strand. *Hope Town | Abaco | Tel. 366 02 24 | Fax 366 04 34 | www.hopetown.com | €€ – €€€*

NEW PLYMOUTH INN

Insider Tipp

Kolonialvilla mit verwunschenem Garten und sehr nettem Personal, gemütlich. Per Fahrrad sind Sie schnell am Strand. *9 Zi. | New Plymouth | Abaco | Tel. 365 41 61 | Fax 365 41 38 | www.newplymouthinn. com | inkl. Halbpension | €€*

TREASURE CAY RESORT

Deutsch geführte Anlage, traumhafter Sandstrand. Restaurant, Wassersport. *95 Zi. | Treasure Cay | Tel. 1-954/525 77 11 | Fax 525 16 99 | www.treasurecay.com | €€ – €€€*

▶ FREIZEIT & SPORT

DIVE ABACO

Führungen und Tauchgänge im Schutzgebiet des *Pelican Cays Land & Sea Park:* Zu sehen gibt es Riffe, Meeresschildkröten und Unterwasserhöhlen. Auch Tauchkurse. *Bay Street | Marsh Harbour | Tel. 800/247 53 38 oder 367 27 87 | www.diveabaco.com*

ISLAND MARINE

Vermietung von Motorbooten und kleinen Skiffs. *Abholung in Hope Town oder Marsh Harbour | Tel. 366 02 82 | www.islandmarine.com*

ANDROS

[136 B–C3–4] Nach Andros fährt man zum Tauchen, denn auf der Ostseite der gut 170 km langen Insel bricht die Küste abrupt in eine untermeerische Schlucht ab. Die fast 2000 m tiefe „Tongue of the Ocean" wird von prächtigen Korallenbänken gesäumt. Mit rund 6000 km^2 Fläche ist Andros die größte Insel der Bahamas. Die 7600

Kein alter Zopf: Auf Harbour Island gibt es viele pastellfarbene Häuser

Einwohner leben in Dörfchen entlang der Ostküste, die unwegsame Westseite besteht aus flachen Sandbänken und Wattgebieten.

■ ÜBERNACHTEN ■

ANDROS LIGHTHOUSE YACHT CLUB & MARINA

Modernes Hotel mit Yachthafen. Tauchtouren, Pool, Tennisplätze. *20 Zi. | Andros Town | Andros | Tel. 368 23 05 | Fax 368 23 00 | www. androslighthouse.com | €€*

TIAMO RESORTS

Luxuriös und mit ökologischem Anspruch: 11 Bungalows direkt am Strand. Ideal für die Flucht aus dem Alltag. *South Andros | Tel. 471 80 87 | www.tiamoresorts.com | €€€*

■ ZIEL IN DER UMGEBUNG ■

BIMINI ISLANDS   [136 A–B2]

Der winzige Archipel rund 70 km nördlich von Andros ist die Welt Hemingways: 1935–37 verbrachte der Schriftsteller die meiste Zeit hier, soff und prügelte sich, jagte Marlins und schrieb an seinem Roman „Haben und Nichthaben". Ein Erlebnis für Angler sind die Bimini Islands (1600 Ew.) noch heute, denn mit dem Golfstrom ziehen im Frühjahr Marlins und Thunfische nordwärts. Das legendäre *Compleat Angler Hotel* in Alice Town, Hemingways Lieblingshotel und -bar, wurde leider 2006 bei einem Brand zerstört. Bilder aus Hemingways Anglerzeiten und andere Einblicke in die wechselvolle Geschichte der Insel zeigt das *Bimini Museum (meist 9–21 Uhr | Eintritt 2 B$ | Kings Hwy.)*. Urige Bars gibt es aber noch heute: etwa die auch bei

den Einheimischen sehr beliebte *End of the World Bar* in Alice Town.

ELEUTHERA/ HARBOUR ISLAND

[136–137 C–D2–3] Nur 20 Flugminuten (oder gut zwei Bootsstunden mit der Katamaranfähre) sind es von Nassau auf die 180 km lange, ganz schmale Insel Eleuthera. Doch es liegen Welten zwischen der rummeligen Hauptstadt und den verträumten Dörfern Eleutheras. Nur 11 000 Menschen leben hier. Eine einzige, oft holprige Straße verbindet die Nester, in denen Fischer und Farmer leben. Eleuthera liegt genau auf der Grenze zwischen den zivilisierten Inseln im Norden der Bahamas und den „wilden" Eilanden des Südens. So liegt im Norden Eleutheras auch *Harbour Island* mit Dunmore Town, einer der hübschesten Siedlungen der Bahamas. Der herrlich rosafarbene Strand und die gepflegten kleinen Hotels machen diesen Ferienort zu einem der beliebtesten Ziele der Out Islands.

■ SEHENSWERTES ■

GOVERNOR'S HARBOUR

1648 gingen hier die ersten Kolonisten der Bahamas an Land. Heute döst der 700-Seelen-Ort unter der heißen Sonne dahin. Fotogen ist die kleine Halbinsel *Cupid's Cay* mit ihren Kolonialhäusern.

HARBOUR ISLAND

An der Atlantikseite der Insel zieht sich der tatsächlich rosafarbene

⭐ *Pink Sand Beach* am blauen Meer hin. Auf der Buchtseite liegt *Dunmore Town* mit dem kleinen Hafen, wo auch die Fähren ablegen. Viele der pastellbunten Häuser und die großen Kirchen im verwinkelten Zentrum stammen aus dem 19. Jh. Die *Methodistenkirche (Dunmore Street/Chapel Road)* von 1843 ist besonders eindrucksvoll. In mehreren Kirchen des Ortes werden sonntags Gospel-Gottesdienste abgehalten.

TARPUM BAY

Das Städtchen im Südwesten Eleutheras hat sich in den letzten Jahrzehnten zur Künstlerkolonie entwickelt. Einige Ateliers von Malern und Bildhauern können besichtigt werden.

◼ ESSEN & TRINKEN
ANGELA'S STARFISH RESTAURANT

Man sitzt im Garten, auch schön zum Frühstück mit *boil fish* und *johnny cake*. Am Hügel auf der Nordseite des Ortszentrums von Dunmore Town. *Tel. 333 22 53* | €–€€

◼ ÜBERNACHTEN
CORAL SANDS HOTEL

Luxuriöses kleines Hotel mit 36 Zimmern am schönsten Strand der Insel. Gutes Restaurant auf einer Terrasse über dem Meer. *Harbour Island | Tel. 333 23 50 | Fax 333 23 68 | www.coralsands.com* | €€€

TINGUM VILLAGE ▶▶

Nettes, einfaches Motel, nur wenige Schritte vom Strand entfernt. Das Publikum: junge Traveller aus Kanada, Amerika und Europa. Bahamaisches Restaurant. *19 Zi. | Harbour Island | Tel./Fax 333 21 61* | €

UNIQUE VILLAGE

Ferienhotel mit gemütlicher Atmosphäre an ruhigem Strand bei Palmetto Point. *16 Zi. | Governor's Harbour | Tel. 332 18 30 | Fax 332 18 38 | www.uniquevillage.com* | €€

◼ AM ABEND

Beliebtester Musikclub auf Harbour Island ist das *Seagrapes*, wo am Wochenende meist eine örtliche Rake-'n'-scrape-Band auftritt. Alternativ gibt es zum Sonnenuntergang kühles Kalik-Bier oder einen Cocktail in der *Hafenbar des Valentine's Resort*.

GRAND BAHAMA/ FREEPORT

[136 B1] **Freeport ist wie Klein-Canaria – buntes Strandleben, Sport und Spaß, Rummel in Diskos, Bars und an den Spieltischen im Kasino –, nicht zuletzt, weil Grand Bahama nur gut 80 km vor der Küste Floridas liegt.** Für die Amerikaner sind es nur ein paar Stunden Bootsfahrt von Palm Beach oder Miami hierher. Und sie kommen in Massen, um zollfrei einzukaufen und dem Glücksspiel nachzugehen. Mit rund 1400 km^2 Fläche ist Grand Bahama zwar nur die viertgrößte Insel des Landes, aber gleich nach Nassau die beliebteste – vor allem auch für Kreuzfahrten. Knapp 50 000 Menschen leben heute hier und machen Freeport zur zweitgrößten Stadt des Inselstaates. Die meisten sind Bahamaer, doch es gibt mittlerweile auch eine stattliche Kolonie betuchter Amerikaner und Europäer, die mit einem Wohnsitz in Freeport der Vermögens- und Erbschaftssteuer ihrer Heimatländern ein Schnippchen schlagen.

◼ SEHENSWERTES ◼

INTERNATIONAL BAZAAR

Disneyland lässt grüßen: ein Shoppingdorf mit Gassen, die nach ihren Vorbildern in verschiedenen Ländern – Marokko, China usw. – gestylt sind, dazu ein fotogener *Straw Market*. *Ranfurly Circus/West Sunrise Hwy.*

PORT LUCAYA MARKETPLACE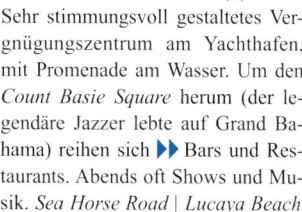

Sehr stimmungsvoll gestaltetes Vergnügungszentrum am Yachthafen, mit Promenade am Wasser. Um den *Count Basie Square* herum (der legendäre Jazzer lebte auf Grand Bahama) reihen sich ▶▶ Bars und Restaurants. Abends oft Shows und Musik. *Sea Horse Road | Lucaya Beach*

RAND NATURE CENTER

In dem 0,4 km^2 großen Naturschutzgebiet mit ursprünglichem Kiefernwald gedeihen wilde Guaven, Mahagoni und kleine Palmenarten. Dazu gibt es bahamaische Papageien und, sehr fotogen, an einem kleinen Teich auch Flamingos. *Mo–Fr 9–16 Uhr | Eintritt 5 B$ | East Settler's Way*

SACRED SPACES

Aus von Stürmen entwurzelten Bäumen hat der bahamaische Künstler Antonius Roberts Skulpturen geschaffen, die an die Taino-Indianer der Bahamas erinnern sollen. *Taino Beach*

◼ ESSEN & TRINKEN ◼

FATMAN'S NEPHEW ☼

Beliebtes Partylokal: frischer Fisch, große Portionen und prima Aussicht

über die zentrale Plaza am Hafen. *Port Lucaya Marketplace | Tel. 373 85 20 | €€*

OUTRIGGER'S NATIVE RESTAURANT

Ein einfaches bahamaisches Dinnerlokal, das zum *Fish Fry* mit Liveband am Mittwochabend Hunderte Gäste anlockt. An anderen Abenden meist BBQ-Hühnchen oder Conch. *Smith's Point | Port Lucaya | Tel. 373 48 11 | €*

Auf der Insel Grand Bahama sind auch Papageien heimisch

◼ ÜBERNACHTEN ◼

OUR LUCAYA RESORT

Riesige Ferienanlage mit Tauchschule, zwei Golfplätzen und Badelandschaft. *1230 Zi. | Lucaya | Tel.*

373 14 44 | Fax 373 88 04 | *www.ourlucaya.com* | €€ – €€€

■ FREIZEIT & SPORT

GRAND BAHAMA NATURE TOURS

Halbtägige Jeep- und Ausflugstouren in das Hinterland der Insel, auch mit Besuch des *Lucayan National Park* und zum *Peterson Cay National Park* auf einer einsamen Insel. Dazu Schnorcheln und Picknick am Strand. *79 B$ | Abholung im Hotel | Tel. 373 24 85 | www.grandbahama naturetours.com*

UNEXSO

Renommierte Tauchschule (auch Wracktauchgänge und Nachttauchen). Besondere Attraktion ist das  Schwimmen mit Delphinen. *Port Lucaya Marketplace | Tel. 373 12 44 | www.unexso.com*

Insider Tipp

■ AUSKUNFT

GRAND BAHAMA TOURISM BOARD

Infozentren gibt es am Flughafen und in Port Lucaya *(Royal Palm Way |*

Tel. 373 89 88). *www.grandbahama vacations.com*

LONG ISLAND

[137 D–E4] **Die schmale, lang gestreckte Insel, die vor allem für ihre exzellenten Tauchreviere bekannt ist, macht mit über 100 km Länge ihrem Name alle Ehre.** Die rund 3000 Einwohner – Fischer und Farmer – leben in winzigen Orten entlang der einzigen Inselstraße. Bunt bemalte Kirchen und Kneipen, Mangoplantagen und alte Salzteiche säumen den Weg. Zum Sightseeing lohnt sich eine kurze Kletterpartie auf das ❊ *Cape Santa Maria* am Nordende der Insel, wo ein weißes Kreuz auf hoher Klippe an die Landung von Kolumbus erinnert.

■ ÜBERNACHTEN

CHEZ PIERRE BAHAMAS

Freundliches kleines Hotel mit nur sechs Strandhütten an einem langen, einsamen Sandstrand. Sehr gute Küche. *Simms | Long Island | Tel.*

❯ CONCHS

Fechterschnecken – die Leibspeise der Bahamaer

Sie stehen auf jeder Speisekarte, mit ihren Schalen werden Straßen geschottert, und am Souvenirstand schimmern sie einladend: Die Rede ist von den Conchs, jenen großen, schön gezackten Meeresschnecken, die überall auf den flachen Sandbänken vor den bahamaischen Küsten vorkommen. Vier Jahre braucht eine Conch („konk" ausgesprochen), bis sie erwachsen ist, ältere werden bis zu 3 kg schwer und 40 cm lang. Das weibliche Tier legt bis zu 1 Mio. Eier ab, aber das reicht kaum für den Heißhunger der Bahamaer. Gebeizt in Limonensaft und mit scharfen Chilis *(scorched conch),* weich geklopft und frittiert *(cracked conch),* als Chowder-Suppe oder *conch salad* kommt das Fleisch auf den Tisch. Doch so schön die Schalen auch glänzen, als Souvenir taugen sie nicht – denn die Conch, andernorts eine bedrohte Art, fällt unter das Washingtoner Artenschutzabkommen und darf nicht ausgeführt werden.

Nassau ist die Hauptstadt der Insel New Providence

338 88 09 | www.chezpierrebahamas. com | inkl. Halbpension | €€

STELLA MARIS RESORT CLUB
Vor fast 50 Jahren gründeten Deutsche diese Anlage mit heute 47 Ferienapartments und Villen in einer alten Plantage. Ausgezeichnete Tauchschule. Attraktion seit gut 30 Jahren: Tauchgänge mit Haien. Mehrere Pools, Tennisplätze, gutes Restaurant. *Stella Maris | Tel. 338 20 51 | Fax 338 20 52 | www.stellamaris resort.com | €€–€€€*

NASSAU/NEW PROVIDENCE

 KARTE AUF SEITE 134/135

[136 C3] Mit nur 35 km Länge gehört die Insel nicht zu den größten im Land, doch New Providence ist der touristische Nabel der Bahamas. Hier halten sich die meisten Urlauber auf, hier leben 70 Prozent der gut 300 000 Bahamaer, zumeist in der Hauptstadt Nassau im Nordosten. Die Ferienhotels haben sich in zwei Zentren außerhalb der Stadt angesiedelt: Das eine ist *Cable Beach* einige Kilometer westlich von Nassau. Das andere, in den letzten Jahren kräftig ausgebaute Urlauberziel ist *Paradise Island,* eine kleine vorgelagerte Insel mit palmengesäumten Stränden, Resorthotels und einem Kasino. Der Aufschwung der Stadt begann 1940, als der Herzog von Windsor, der abgedankte englische König, Generalgouverneur der Bahamas wurde und Nassau zum skandalumwitterten Treff von Adel und Geldadel avancierte. Megahotels, florierende Bankgeschäfte und ein großer Kreuzfahrthafen sorgen heute für reges Treiben.

■ SEHENSWERTES ■

ALTSTADT   [135 E4]
Das Herz der Altstadt Nassaus pocht am Hafen, wo über der *Prince George Wharf* die turmhohen Kreuzfahrtschiffe aufragen. Davor liegen *Rawson Square* und *Parliament Square,* an dem die bahamaische Re-

gierung in fotogenen rosafarbenen Kolonialbauten von 1805 residiert. Vor dem *Parliament Building* thront eine Statue der jungen Königin Victoria. Unmittelbar davor verläuft die *Bay Street,* die Hauptschlagader Nassaus gen Westen: Hier liegt das Geschäftszentrum der Stadt mit Tax-Free-Shops, Lokalen, Schmuckgeschäften und Souvenirläden. Im bunten *Straw Market* werden Strohhüte (daher der Name), Postkarten und günstiges Kunsthandwerk angeboten (Handeln um den Preis ist hier Tradition). Auf der *George Street* in südlicher Richtung passiert man die 1841 erbaute *Christ Church Cathedral* und steht dann vor dem imposanten, 1801 errichteten *Government House,* dem Sitz des englischen Generalgouverneurs. Jeden zweiten Samstag um 10 Uhr wird wie in London mit viel Pomp der Wachwechsel zelebriert.

FORT FINCASTLE ☼   [135 E4]
Eine Festung von 1787: Vom 38 m hohen Wasserturm bietet sich ein toller Blick über die Stadt. Von der Altstadt gut zu erreichen über die *Queen's Staircase. Tgl. 9–17 Uhr | Eintritt 1 B$ | Aufzug 0,50 B$*

JUNKANOO EXPO   [135 E4]
Im alten Zoll-Lagerhaus am Kreuzfahrthafen sind die bunt dekorierten Karnevalswagen und üppigen Kostüme des bahamaischen Junkanoo-Festes zu bewundern. *Tgl. 10–16 Uhr | Eintritt 2 B$ | Prince George Wharf*

PARADISE ISLAND   [135 E–F4]
Die 5 km lange Insel vereint alle Zutaten für den Urlaubscocktail: imposante Hotelkomplexe, Shoppingarka-

den, ein Kasino mit Glitzershows, einen Golfplatz und einen Traumstrand mit puderfeinem Sand, der sich an der ganzen Nordseite der Insel hinzieht. Die neueste und spektakulärste Anlage ist das *Atlantis Resort* mit Badelandschaft und großartigem Aquarium. *Brücke nach Nassau | Mautgebühr 1 B$*

POMPEY MUSEUM   [135 E4]
Im alten Sklavenmarkt von 1769 wird die Geschichte der Sklaverei auf den Bahamas nacherzählt. Im Obergeschoss sind naive Malereien von Amos Ferguson zu sehen. *Wegen Renovierung bis 2009 geschlossen | Ecke West Bay Street/George Street*

SEAWORLD EXPLORER   [135 E4]
Ein Ausflug unter Wasser für Wasserscheue: Per U-Boot geht es zu Korallen und bunten Fischen. *Fahrpreis 45 B$ | West Bay Street/Elizabeth Ave. | Tel. 356 25 48*

■ ESSEN & TRINKEN ■

CAFÉ MATISSE   [135 E4]
Ein beliebtes Bistro in der Altstadt. Italienische Küche, schön zum Lunch im idyllischen Innenhof. *Bank Lane | Tel. 356 70 12 | €€*

GRAYCLIFF   [135 E4]
Gourmetrestaurant in einer Kolonialvilla. Französisch-karibische Küche, dazu verfügt das Haus über den besten Weinkeller der Inseln. Jackettzwang. *West Hill Street/Blue Hill Road | Tel. 302 91 50 | €€€*

POOP DECK ▸▸   [135 E4]
Szenelokal mit großer Bar und Terrasse am Yachthafen. Guter Fisch

und gute Drinks. *East Bay Street | Tel. 393 81 75 | €–€€*

TRAVELLER'S REST [134 B4]

Das bahamaische Lokal mit schöner Terrasse liegt am Westende der Insel. Gut geeignet für eine Pause zum Lunch auf einer Inseltour. *West Bay Street | Gambier Village | Tel. 327 76 33 | €€*

■ EINKAUFEN

Von originellen T-Shirts bis zu Parfum und Edeluhren: Was Sie an der *Bay Street* und im *Straw Market* nicht finden, das gibt es nicht auf den Bahamas. Fendi, Gucci und Cartier residieren hier. Weitere Shoppingmöglichkeiten, Live-Entertainment und Restaurants warten im *Atlantis Marina Village* auf Paradise Island. [135 E4]

■ ÜBERNACHTEN

ATLANTIS PARADISE ISLAND [135 E4]

Resort der Superlative: Die gut 3700 Zimmer verteilen sich auf mehrere Türme am Strand. Im tropisch begrünten Innenhof liegt ein riesiges Erlebnisschwimmbad. Außerdem: mehrere Restaurants, Kasino und Showtheater. *Nassau/Paradise Island | Tel. 363 30 00 | Fax 363 35 24 | www.atlantis.com | €€–€€€€*

BEST WESTERN BAY VIEW SUITES [135 E4]

Gut geführte Ferienanlage mit 75 Suiten, Apartments und Villen in einem tropischen Garten. Zum Strand sind es zehn Minuten zu Fuß. *Bay View Drive | Nassau/Paradise Island | Tel. 363 25 55 | Fax 363 23 70 | www.bwbayviewsuites.com | €€–€€€*

Hut ab vor so viel Flechtwerk: In den bunten Straw Markets findet jeder das passende Stück

MARLEY RESORT [134 C4]

Ein großartiger Nostalgietrip für Musikfans: Sie schlafen in der elegant renovierten ehemaligen Villa von Reggaestar Bob Marley. *16 Zi. | West Bay Street | Cable Beach/Nassau | kein Tel. | Fax 702 28 22 | www.marleyresort.com | €€€*

ORANGE HILL BEACH INN [134 B4]

Freundliches Mittelklassehotel nahe beim Flughafen mit Pool und Restaurant. Zum Strand sind es nur ein paar Schritte. Beliebt bei Tauchern. *33 Zi. | West Bay Street | Cable Beach/Nassau | Tel. 327 71 57 | Fax 327 51 86 | www.orangehill.com | €–€€*

>LOW BUDGET

> Der *Arawak Cay* in Nassau heißt bei den Einheimischen „The Fish Fry", denn hier gibt es an Imbissständen die besten und billigsten Grillfische und *cracked conchs* der Insel. Am besten kommen Sie tagsüber, denn nach Einbruch der Dunkelheit wird manchmal geklaut und gerempelt. *West Bay Street/Chippingham Road*

> Auf Eleuthera finden Wasserfans gute Wellen – und ein billiges Bett im *Surfers Haven Bahamas* (pro Nacht schon ab 25 B$). *Governors Harbour | Tel. 333 32 82 | www. surfershavenbahamas.com*

> Mit dem *People to People Program* stellt das Tourismusamt kostenlos Kontakte zwischen Touristen und Einheimischen her, die dann einen Tag gemeinsam verbringen. Mit Ausflügen, Partys oder auch einem Kirchgang. *Tel. 323 18 53 | peopleto people@bahamas.com*

FREIZEIT & SPORT

BAREFOOT SAILING CRUISES

Halb- und ganztägige Segeltörns mit Schnorchelpausen und Lunch auf einer einsamen Insel. *Tel. 393 08 20 | www.barefootsailingcruises.com*

DOLPHIN ENCOUNTERS [135 E4]

Ein großartiges Erlebnis: Schwimmen mit Delphinen und Seelöwen in einer natürlich gestalteten Lagune auf einer vorgelagerten Insel. *80–165 B$ | Abfahrt am Fährgebäude der Paradise Island Bridge, Nassau | Tel. 363 10 03 | www.dolphinencounters.com*

TAUCHEN

Die besten Riffe – an denen schon Filmheld James Bond tauchte – liegen an der Nordwestküste und der Südküste von New Providence, dazu gibt es Schiffswracks und ein Blue Hole zu entdecken. Tauchkurse und Touren z. B. bei *Bahama Divers (Tel. 393 56 44 | www.bahamadivers.com)* oder bei *Stuart Cove's (Reservierungszentrale in den USA, Tel. 1-954/ 524 57 55 | www.stuartcove.com).*

AM ABEND

Die meisten Bars bieten zur Happy Hour (16–19 Uhr) Drinks zum halben Preis an, z. B. die *Hammerheads Bar (East Bay Street)*. Danach geht's in Diskos wie ▶▶ *Club Waterloo (East Bay Street)* oder ▶▶ *Cocktails and Dreams (West Bay Street).* [135 E4]

AUSKUNFT

THE BAHAMAS MINISTRY OF TOURISM

Infozentren am *International Airport | Tel. 377 68 06* [134 B5] und am *Prince George Dock in der Altstadt | Tel. 323 31 82. www.bahamas.com*

BAHAMAS

ZIELE IN DER UMGEBUNG

EXUMAS ⭐   [136–137 C–D3–4]

Bei einer Tagestour zu den unbewohnten Inseln der nördlichen Exumas erleben Sie die Bahamas von ihrer schönsten Seite: In rasanter Powerboat-Fahrt geht es über das tür-

das Logbuch von Kolumbus zu bestätigen. Das wichtigste der gleich vier Kolumbus-Denkmäler, ein großes, weißes Kreuz, steht etwa 5 km südlich der einzigen Stadt *Cockburn Town* am Strand. An der Nordspitze der Insel steht das ❄ *Dixon Hill*

Besser geht's nicht auf den Bahamas: die Inseln der nördlichen Exumas

kisfarbene Wasser. In den Pausen kann man schnorcheln, baden und Iguanas (Leguane) beobachten. *Powerboat Adventures | ca. 190 B$ | Tel. 363 14 66 | www.powerboatadventures.com*

SAN SALVADOR   [137 E3–4]

Das ist sie also, die Kolumbus-Insel Guanahani, auf der Cristobal Colón 1492 erstmals die Neue Welt betrat. Die Historiker streiten sich zwar, doch die Lagunen im Binnenland der kaum 20 km langen Insel scheinen

Lighthouse, das seit seiner Erbauung 1856 mit Kerosin betrieben wird. Eine moderne Clubanlage an einem langen Strand ist der ▶▶ *Club Med Columbus Isle (288 Zi. | Cockburn Town | Tel. 331 20 00 | www.clubmed.com | €€–€€€),* zu buchen nur als Pauschalpaket. Das einfache Hotel ▶▶ *Riding Rock Inn (42 Zi. | Cockburn Town | Tel. 331 26 31 | Fax 331 20 20 | www.ridingrock.com | €€)* ist seit Jahren ein Treff der internationalen Taucherszene mit sehr gutem Tauchshop und Restaurant.

> REGENWALD UND KALKSTEINHÖHLEN

Zu Fuß und mit dem Boot durch die karibische Natur

Die Touren sind auf dem hinteren Umschlag und im Reiseatlas grün markiert

1 BERGTOUR ZUM BLUE MOUNTAIN PEAK

Die fünf- bis sechsstündige Bergwanderung mit Übernachtung führt über steil gewundene Pfade vorbei an Kaffee- und Bananenpflanzungen in die üppige Vegetation des Regenwaldes und die farbenprächtige Vogelwelt Jamaikas.

Ausgangspunkt der Wanderung ist **Whitfield Hall**, eine Kaffeeplantage und Gästelodge in den Bergen nahe dem Ort **Mavis Bank** *(S. 56)*. Die meisten Wanderer beginnen den Anstieg am frühen Morgen, vor allem bei Vollmond.

Etwa 1 km vom Hostel entfernt beginnt der Trail. Bald wird der Pfad steiler und windet sich entlang der mit Kaffee und Bananen bepflanzten Terrassenhügel. Er führt durch farngesäumten Regenwald mit Bambus, Bromelien und Orchideen. Die Temperaturen sind hier viel niedriger als

Bild: Blue Mountains auf Jamaika

AUSFLÜGE & TOUREN

in den tieferen Lagen, und die hohe Luftfeuchtigkeit lässt die Vegetation mit über 500 Pflanzenarten grün und üppig wachsen. Der letzte Teil des Weges führt durch Zwergfichtenwälder, bevor Sie nach der Hälfte der Strecke Portland Gap erreichen.

Von jetzt an wird der Weg noch steiler und schwieriger. Die letzten Kilometer führen durch ein ausgetrocknetes Flussbett namens Jakob's Ladder. Von hier aus sieht man den Peak (2256 m) und, wenn der Tag klar ist, die Südküste mit Kingston und im Norden Port Antonio. Manchmal kann man sogar Kuba in der Ferne erkennen.

Auf dem Peak gibt es eine überdachte Hütte, die dem Forestry Department gehört. Hier können Sie über Nacht kampieren. Snacks und Drinks gibt es an der Ranger Station. Von hier aus kann morgens in aller Frühe der Abstieg erfolgen.

Als Teil des U. S. Forest Service ist der puerto-ricanische Nationalwald El Yunque der einzige tropische Regenwald der USA. Auf den beiden vorgestellten Wegen (zwei bzw. vier Stunden) durchwandern Sie verschiedenartige Wälder und gelangen zu einem Aussichtsturm mit faszinierendem Ausblick.

Eine halbe Stunde Autofahrt östlich von San Juan *(S. 82)* liegt der tropische Wald El Yunque *(S. 87)* mit seinem Vogelschutzgebiet. Von der Route 3 Richtung Fajardo biegen Sie nach rechts ab auf die Route 191. In El Yunque wurden 240 Baumarten und mindestens 200 Farnarten gefunden. Im Norden des Waldes erreichen Sie das Informationszentrum El Portal *(tgl. 9–17 Uhr | Eintritt 3 US$)*. Hier werden Videos über El Yunque und andere Regenwälder gezeigt.

Etwas weiter, beim Picknickplatz, stürzt der Wasserfall La Mina in den gleichnamigen Fluss, in dem einst Gold gefunden wurde. Von hier aus führt ein befestigter Wanderweg, der Big Tree Trail (insgesamt zwei Stunden Marsch), durch den Tabonico-Wald. Er ist nach dem einheimischen Tabonico-Baum benannt, der in den unteren Berglagen wächst. Viele der Bäume werden größer als 45 m, von ihren Ästen hängen Kletterpflanzen und Schlingwurzeln herab. In den etwas höheren Lagen wachsen Colorado-Wälder mit kleineren, oft mit Bromelien bedeckten Stämmen. Der Rundweg führt schließlich wieder zurück zum Picknickplatz am La Mina. Hier können Sie mit etwas Glück ein paar Vertreter der Puerto-Rico-Amazone, einer heimischen Papageienart, sehen.

Ein weiterer, vier Stunden langer Rundweg ist der El Yunque Trail. Er beginnt am Caimitillo-Picknickplatz und schlängelt sich steil durch den Colorado-Wald und den Sierre-Palm-Wald, um schließlich in den nebelverhangenen Zwergfichtenwald des Mount Britton und El Yunque überzugehen. Geradeaus geht es zum Aussichtsturm des Los Piccachos. Wenn Sie nach 4 km links abbiegen und der FR 10 für ca. 100 m folgen, gelangen Sie zum Aussichtsturm des Mount Britton. Von hier aus haben Sie einen wunderbaren Blick auf die Gipfel Los Piccachos, Roca Marcas und Yunque Rock. Bei klarer Sicht zeigen sich die Nord- und Ostausläufer der Atlantikküste.

Der Nationalpark in der Dominikanischen Republik ist nur per Boot zu erreichen. Daher sollten Sie von Samaná aus eine organisierte Tour für 60 US$ buchen (Samaná Tourist Information, Malecón 5, Tel. 538 23 32) – man bekommt dann auch automatisch die erforderliche Genehmigung für den Besuch des Parks. Am besten fahren Sie frühmorgens von Samaná Bay aus los, wenn die Bucht noch ruhig ist, denn die Nachmittagswinde können einen ziemlich starken Seegang hervorrufen.

Per Boot fahren Sie zur gegenüber der Halbinsel Samaná *(S. 71)* gelegenen Bahía de San Lorenzo, deren Küste die nördliche Grenze von Los Haïtises *(S. 71)* bildet. Vorbei geht es an felsigen Inselchen und bizarr geformten Kalksteinfelsen. Auf der Isla de los Pájaros, auf deren Felsen ein kleiner

Wald gewachsen ist, brüten Braune Pelikane, Schneesichler (eine Reiherart), Rosenseeschwalben und andere Wasservögel. Von hier aus fährt das Boot in die Kanäle der **Mangrovenwälder** des 208 km^2 großen Nationalparks. Die durchschnittliche Niederschlagsmenge beträgt hier jährlich 1900–2000 mm, die Temperaturen

es hier noch einige Pärchen der seltenen Manati-Seekühe geben.

Weiter geht die Fahrt zu den teils miteinander verbundenen Höhlen des Nationalparks, den sogenannten *Cuevas del Ángel.* Wandmalereien und Felszeichnungen bezeugen, dass hier schon vor 4000 Jahren Siboney und Taino gelebt haben. In der Bucht San

Insider Tipp

Felsinsel im Nationalpark Los Haïtises in der Dominikanischen Republik

liegen bei 24–26 Grad. Die hohe Luftfeuchtigkeit gibt den verschiedenen tropischen Pflanzen, u. a. Farnen, Bromelien und Orchideen, eine ideale Wachstumsgrundlage. (Leider auch den Moskitos: Insektenspray ist ein Muss!) In den Sümpfen sind bei Ebbe Muscheln, Austern, Schnecken und anderes Meeresgetier zu sehen, und im Verlauf des Flusses kommen Blaureiher und Ibisse vor. Auch soll

Lorenzo liegt die Höhle **La Arena**, an deren Eingang zwei Tainogesichter in den Fels geritzt sind. Im stalagmitenbewachsenen Inneren der Höhle können Sie mithilfe einer Taschenlampe die Malereien der Ureinwohner bestaunen. Sie zeigen Menschen, Tiere und andere Motive, die zum Leben der Indianer gehörten. Auch die Höhlen **San Gabriel** und **La Línea** enthalten vorkolumbische Zeugnisse.

EIN TAG RUND UM SAN JUAN

Action pur und einmalige Erlebnisse.
Gehen Sie auf Tour mit unserem Szene-Scout

SWEET BREAKFAST

8:30

Noch müde? Bei *La Bombonera* gibt's das beste Frühstück der Stadt. Einen der berühmten *mallorca con mantequilla* bestellen – ein rundes Plunderstück mit Puderzucker –, und der Tag kann beginnen! Dazu schmeckt ein frisch gepresster Orangensaft. **WO?** *259 Calle de San Francisco, San Juan | Tel. 722 06 58*

9:30

AUFGESATTELT

Aufsitzen und los: Auf dem Pferderücken geht es am Strand entlang und durch die Ausläufer des Regenwaldes *El Yunque*. Das Gefühl von Freiheit ist paradiesisch! **WO?** *Eco Action Tours | Tel. 791 75 09 | Kosten: 2 Stunden 70 US$ | www.ecoactiontours.com*

GENÜSSE A LA PUERTO RICO

12:00

Der Magen knurrt. Kein Problem, denn im *Ajili Mójili* kommt moderne puerto-ricanische Küche auf den Teller und in den Bauch. Unbedingt probieren: die *mofongos*, eine Art Klöße aus Kochbananen, mit Füllung nach Wahl, z. B. Shrimps oder Hühnchen. Lecker! **WO?** *1006 Ashford Ave., Condado | Tel. 725 91 95 | www.ajilimojili.com*

14:00

ADRENALINKICK IN LUFTIGER HÖHE

Jetzt ist Power angesagt, also ab an den *Isla Verde Beach*. Actionfans werden nun an einem Fallschirm befestigt und von einem Motorboot gezogen. Bei einer Höhe von bis zu 120 m hat man einen phantastischen Blick aufs Meer und den Strand. **WO?** *Isla Verde Beach, hinter dem El San Juan Hotel & Casino, Carolina | Tel. 643 45 10 | Kosten: 65 US$ | www.waterfun-pr.com*

24 h

GURKEN-SORBET MAL ANDERS

16:30

Mit der Cucumber Sorbet Massage im *Zen Spa* tankt man neue Energie für den Abend: Die sanften Knetbewegungen entspannen, und feine Ingredienzen wie Gurke, Kamille und Aloe vera beruhigen sonnengestresste Haut. Abschalten und genießen. **WO?** *Zen Spa & Health Studio, 1054 Ashford Ave., Candado | Tel. 722 84 33 | 55 Minuten 75 US$ | www.zen-spa.com*

AUF ZEITREISE

18:00

Bei der *Night Tales in Old San Juan Tour* erlebt man die Geschichten und Legenden der Stadt hautnah: auf den Spuren von Piraten wandeln, in die Rolle von Gefangenen schlüpfen und Richtung Gefängnis wandern. Dabei geht's vorbei an historischen Gebäuden und Plätzen. Ganz nebenbei erfährt man Facts und Storys über Insel, Stadt und Menschen. **WO?** *Legends of Puerto Rico | nur Di, Mi, Fr, Sa | Treffpunkt: an den Fahnenstangen vor dem Sheraton Old San Juan, Tel. 605 90 60 | Kosten: ca. 35 US$ | www.legendsofpr.com*

BOWL IN STYLE

20:00

Zum Warm-up steht Bowling auf dem Programm. Die *Galaxy Lanes* sind ein modernes Multimedia-Bowling-Center samt Dancefloor, DJ und Bars. Hier geht es rund! **WO?** *Galaxy Lanes, Plaza las Américas, La Terraza, 3. Stock, 525 F. D. Roosevelt Ave., San Juan | Tel. 777 50 16 | www.plazalasamericas.com*

DINNER & NIGHTLIFE

22:00

Hunger? Dann ist der Szenetreff *The Raven Room* genau richtig: Die stylishe Lounge samt Anime-Projektionen ist bekannt für ihr köstliches Sushi. Bei chilliger Lounge- und House-Musik lässt man den Tag langsam ausklingen. **WO?** *305 Calle del Recinto Sur, SOFO, Old San Juan | Tel. 977 10 83 | www.oofrestaurants.com*

> WASSERSPORT IN ALLEN VARIATIONEN

Und auch an Land ist für anspruchsvollen Zeitvertreib gesorgt, sei es im Regenwald oder auf dem Golfplatz

> **Ob Wassersport oder Wandern, die größeren karibischen Inseln haben die besten Voraussetzungen für sportliche Aktivitäten mit ihren fischreichen Gewässern, Korallenriffen und Naturparks mit tropischem Regenwald und üppiger Vegetation.** Hotels und individuelle Anbieter haben sich auf Tauch-, Segel- und Surfkurse mit dem Verleih der notwendigen Ausrüstung spezialisiert. Urlauber können an Walbeobachtungen (Whalewatching) teilnehmen und bei der Fütterung von Haien oder Riesenrochen dabei sein. Schön gelegene Golfplätze laden zu Spaziergängen ein, während organisierte Wanderungen im Regenwald für Vogelkundler, Pflanzenforscher und Insektenliebhaber interessant sind.

GOLF

Golfspielen in der Karibik ist schon des schönen Wetters wegen purer Luxus. Viele Golfplätze der großen Ho-

Bild: Cayo Largo vor der Südküste Kubas

SPORT & AKTIVITÄTEN

telanlagen wurden als wahre „Golf-gärten" designt.

Auf den Bahamas haben sich vor allem die Resortlagen von *Paradise Island* in Nassau und *Our Lucaya* auf Grand Bahama einen Namen gemacht.

Kuba: *Varadero Golf Club Cuba | Avda. de Las Américas km 8,5 | Tel. 045/66 77 88 | Fax 66 81 80 | www. varaderogolfclub.com* (18-Loch-Platz)

Cayman Islands: *Britannia Golf Course | Hyatt Regency Grand Cayman Resort & Villas | Tel. 949 80 20 | Fax 949 85 28*

Jamaika: *Half Moon Golf Club | Montego Bay | Tel. 953 25 60 | www. halfmoon.com*

Dominikanische Republik: *Teeth of the Dog* **Insider Tipp** *| Casa de Campo | La Romana | Tel. 523 33 33 | Fax 523 85 48 | www.casadcampo.com* (18-Loch-Platz, davon sieben Wasserlöcher)

Puerto Rico: *Hyatt Dorado | Route 695 | Dorado | Tel. 796 12 34 | Fax 796 20 22 | www.hyatt.com* (zwei 18-Loch-Plätze)

▌HOCHSEEANGELN ▌

Die Bootscaptains der Charterfirmen wissen meist sehr gut, in welchem Revier zu welcher Zeit die meisten

Fische vorkommen. Der Fang (u. a. Schwertfisch, Marlin, Thunfisch, Makrele, Dorade, Barrakuda, Hai) bleibt Besitz der Captains bzw. Hotels.

Kuba: *Club Náutico Internacional „Hemingway" | Marina Hemingway | Ave. 5 y 248 Playa | Havanna | Tel. 07/24 11 49*

Cayman Islands: *Angling Club | Tel. 945 31 31 | www.fishcayman.com*

Jamaika: *Montego Bay Yacht Club | Montego Freeport | Tel. 979 80 38 | Fax 979 82 62 | mbyc@infochan.com*

Dominikanische Republik: *Club Náutico | Lope de Vega 55 | Santo Domingo | Tel. 549 61 37* (Angeltouren, Auskunft zu Angelwettbewerben)

Puerto Rico: *Caribbean Outfitters | Cangrejos Yacht Club | Road 187 | Carolina | Tel. 396 83 46 | www.fishinginpuertorico.com*

▌SEGELN, WINDSURFEN & KAJAKTOUREN ▌

Auf allen Inseln bieten Charterfirmen Tagesausflüge per Boot oder Segelkurse an. Segelboote können mit oder ohne Skipper gemietet werden. Die meisten Hotels verleihen Surfbretter, Kajaks und Hobiecats, und die größeren veranstalten regelmäßig Regatten.

Kuba: *Marina Dársena de Varadero | Carretera de Vía Blanca km 31 | Tel. 045/66 80 63* (Bootsverleih, Angeln, Tauchen, Daycharters)

Cayman Islands: *Red Baron Charters | Grand Cayman | Tel. 945 47 44 | www.redbaroncharters.com*

Jamaika: *Montego Bay Yacht Club | Montego Freeport | Tel. 979 80 38 | Fax 979 82 62 | mbyc@cwjamaica.com*

Dominikanische Republik: *Carib BIC Center | Cabarete Beach | Ca-*

barete | Tel. 571 06 40 | Fax 571 06 49 | *www.caribwind.com* (Windsurfing, Katamarane, Kajaks)

Puerto Rico: *Caribbean School of Aquatics* | *Villa Marina* | *Fajardo* | *Tel. 728 66 06* (Katamarantouren, Tagesausflüge)

Bahamas: <mark>*Starfish Adventure Center*</mark> | *George Town* | *Exuma* | *Tel./Fax 242/336 30 33, 877/398 62 22* | *www.kayakbahamas.com* (einwöchige Kajaktouren, Kajak- und Segelbootvermietung); *Abaco Bahamas Charters* | *Hope Town* | *Elbow Cay* | *Tel./Fax 242/366 01 51* | *www.abacocharters.com* (für Bareboat-Charters von Segelbooten und Katamaranen zu Törns zwischen den Abacos)

■ TAUCHEN & SCHNORCHELN ■

Klare, warme Gewässer, Korallenriffe und eine artenreiche Unterwasserwelt eignen sich wunderbar für Erkundungen. Sowohl Anfänger als auch Profis können Kurse oder Ausflüge vom Hotel aus buchen. Ein besonderes Tauchabenteuer auf den Bahamas ist der Tiefseecanyon „Tongue of the Ocean" vor Andros.

Kuba: *Barracuda Diving Center* | *Calle 59 y 60* | *Varadero* | *Tel. 045/ 61 18 52* | *www.acuc.es*

Cayman Islands: *Cayman Diver Ltd.* | *Tel. 945 16 11* | *www.caymandiver.ky*

Jamaika: *Negril Scuba Centre* | *Negril Beach Club* | *Norman Manley Blvd.* | *Tel. 957 44 25* | *neg.scuba. centre@cwjamaicacom*

Dominikanische Republik: *Northern Coast Aquasports/Diving* | *Pedro Clisante 8* | *Sosúa* | *Tel. 571 10 28* | *Fax 571 38 83* | *www. northerncoastdiving.com*

Puerto Rico: *Caribe Aquatic Adventures* | *Park Plaza Normandie Hotel* | *San Juan* | *Tel. 281 88 58* | *www.diveguide.com/p2046.htm*

Bahamas: *Small Hope Bay Lodge* | *Fresh Creek* | *Andros* | *Tel. 242/ 368 20 14* | *Fax 368 20 15* | *www. smallhope.com* (Tauchbasis nahe dem Barriereriff, Hotel mit 21 Zimmern in Bungalows); *Bimini Undersea* | *Alice Town* | *Bimini* | *Tel. 305/653 55 72 und 242/347 30 89* | *www.biminiundersea.com:* Tauchgänge im warmen Golfstrom vor Bimini, auch <mark>Tauchen und Schnorcheln mit wilden Delphinen.</mark>

■ WANDERN & TREKKING ■

Bis auf die Bahamas und die Cayman Islands eignen sich alle Inseln zum Wandern durch den tropischen Regenwald oder in Nationalparks. Viele Unternehmen haben sich auf Themenwanderungen (z. B. Birdwatching, Ökotourismus) spezialisiert.

Kuba: *Gaviota Tours* | *Hotel Kohly-Bosque* | *Miramar* | *Havanna* | *Tel. 07/204 47 81* | *Fax 204 56 37* | *gavitour@gavitur.gav.cma.net* (Nationalparkwanderungen und Birdwatching)

Jamaika: <mark>*Valley Hikes*</mark> | *Port Antonio* | *Tel. 993 38 81* | *uniqudest@ aol.com* (Wanderungen und Ausritte zu den Blue Mountains oder ins Cockpit Country)

Dominikanische Republik: *Iguana Mama* | *Cabarete* | *Tel. 571 09 08* | *Fax 571 07 34* | *www.iguanamama. com* (organisierte Klettertouren, Hiking, Rafting)

Puerto Rico: *El Bosque Nacional del Caribe* | *Rte. 191* | *El Yunque* | *Tel. 888 18 80* | *Fax 888 56 80*

KARIBIK-ABENTEUER

Die Großen Antillen und die Bahamas eignen sich sehr gut
für Urlaub auch mit kleineren Kindern

> Die Karibik ist ein ausgesprochen kinderfreundliches Reisegebiet: Weiße Strände und türkisfarbenes, seichtes Meer sind der ideale Tummelplatz für kleine Urlauber. Viele der größeren Hotels haben Kinderprogramme, sogenannte *Kids' Clubs,* entwickelt. Die Touristenbüros geben dazu Auskunft.

AQUARIUM IN HAVANNA [130 C3]

Das aufwendig renovierte Aquarium in der kubanischen Hauptstadt beherbergt über 3000 im Wasser lebende Tiere, von Garnelen über Seelöwen bis zu Schildkröten, Korallen, Tümmlern und natürlich Fischen. *Di–So 10–18 Uhr | Eintritt Erwachsene 4 US$, Kinder 3 US$ | Ave. 3 | Ecke Calle 62 | Miramar | www. acuarionacional.cu*

PAMPERED PONIES [131 D6]

Mit den sorgfältig trainierten Ponys und Pferden kann man private oder geführte Ausritte unternehmen. Im Programm stehen Frühmorgen-, Mondschein-, Strand- und Wasserritte. *Ein-*

einhalb Stunden 60–75 US$ | Conch Point Road | West Bay | Grand Cayman | Tel. 945 22 62 | www.ponies.ky

BOOTSFAHRT AUF DEM BLACK RIVER ⭐ [132 A5]

Den längsten Fluss Jamaikas, den Black River, säumen Mangroven und Schilf auf dem Weg ins Meer. Hier und im umliegenden „Großen Morast" schwimmen Alligatoren. Der Bootsführer ruft einen Namen, stößt einen lauten Pfiff aus, und plötzlich taucht nahe dem Boot eines der krustenhäutigen Urviecher auf und schielt die Besucher durch zwei gelbe Augenschlitze an. Wer Glück hat, bekommt einen *Crocodile Dentist* zu Gesicht, einen Grünreiher, der den Alligatoren die Essensreste aus dem offenen Maul pickt. *Ca. 15 US$ pro Person | J. Charles Swaby's Black River Safari | Tel. 965 25 13*

PARQUE DE LOS TRES OJOS [134 B2]

Der Nationalpark in der Dominikanischen Republik hat seinen Namen (Drei

> MIT KINDERN UNTERWEGS

Augen) von den drei kleinen Seen, die aus 16 m Tiefe heraufleuchten. Es sind sogenannte *cenotes,* Höhlen im Kalkstein, die sich mit Wasser füllten, nachdem ihre Decken eingebrochen waren. Eine Floßfahrt auf einem dieser unterirdischen Seen ist für Kinder ein echtes Erlebnis! *Tgl. 9–17 Uhr | Eintritt 1,30 US$ | Parque Mirador del Este | östlich von Santo Domingo an der Straße zum Flughafen*

MUSEO DEL NINO [135 E2]

Ein Museum für Kinder (und ihre Familien) mit viel Spannung und Spaß. Zu sehen sind unter anderem nachgebildete Straßenszenen von Old San Juan mit Häusern und Gemüsemarkt. Kunstprojekte, Puppentheater und kleine Lernkurse – z. B. warum es wichtig ist, sich die Zähne täglich zu putzen – werden von freiwillig mitarbeitenden Studenten inszeniert. Die Aktivitäten, Präsentationen und Animationen werden in Englisch und Spanisch abgehalten. Hier sollte man mindestens zwei Stunden Aufenthalt einplanen. *Di–Do 9 bis 15.30, Fr 9–17, Sa und So 12.30–17 Uhr | Eintritt Erwachsene 5 US$, Kinder bis 15 Jahre 7 US$ | 150 Calle Cristo | Old San Juan | www.museodelninopr.org*

ARDASTRA GARDENS & ZOO [135 D4]

Tolle Hits für Kids sind hier das Papageienfüttern und die „Ballettshow" einer Schar Flamingos (dreimal täglich). Dazu gibt es einen Streichelzoo und viele Tiere und Blumen aus der ganzen Karibik. *Tgl. 9–17 Uhr | Eintritt Erwachsene 15 B$, Kinder bis 12 Jahre 7,50 B$ | Chippingham Road | Nassau | www.ardastra.com*

PIRATES OF NASSAU [135 E4]

Insider Tipp

Zu Besuch bei Captain Blackbeard auf seinem Schiff *Revenge:* Dieses exzellent gestaltete Multimediamuseum lässt die Welt der Freibeuter wieder auferstehen. *Mo–Sa 9–18, So 9–12 Uhr | Eintritt 12 B$, Kinder bis 17 Jahre 6 B$ | Marlborough/George Street | Nassau | www.pirates-of-nassau.com*

> VON ANREISE BIS ZOLL

Urlaub von Anfang bis Ende: die wichtigsten Adressen und Informationen für Ihre Reise auf die Großen Antillen

 ANREISE

FLUGZEUG

American Airlines, British Airways und KLM fliegen ab Hamburg und Frankfurt nach San Juan. Cubana fliegt von Berlin und Köln aus nach Havanna. Air France, Condor, Iberia, LTU und Delta fliegen von mehreren deutschen Städten aus Santo Domingo an, LTU und Condor auch Puerto Plata. Es fliegen British Airways nach Kingston und Montego Bay sowie Condor und LTU nach Montego Bay. British Airways fliegt über London nach Nassau. Die Bahamas sind auch gut über Miami zu erreichen, von dort verkehren regionale Fluggesellschaften nach Nassau, Abaco und Eleuthera. Die Flugzeit beträgt je nach Ziel ca. 9–12 Stunden.

Günstige Flugpreise bewegen sich zwischen 500 und 950 Euro (bei Anreise über Miami eventuell sogar noch preiswerter). Beachten Sie beim Abflug, dass die meisten Flughäfen in der Karibik eine *Airport Tax* verlangen (ca. 10 US$). Bei der Einreise müssen Individualurlauber neben der Touristenkarte ein Rückflugticket vorweisen und auf Kuba mindestens eine erste Hoteladresse angeben.

SCHIFF

Natürlich können Sie per Kreuzfahrt in die Karibik gelangen (Auskunft erteilt jedes Reisebüro). Mit der deut-

PRAKTISCHE HINWEISE

schen Horn-Linie können Sie auf einem Kühlschiff von Hamburg aus eine fünfwöchige Rundreise unternehmen (ca. 2700 Euro pro Person). Man kann aber auch eine einfache Passage (ca. 1770 Euro) buchen und auf einer der Inseln von Bord gehen. *Horn-Linie | Süderstr. 79 a | 20097 Hamburg | Tel. 040/23 67 70 | Fax 236 71 00 | www.hornlinie.com*

AUSKUNFT

BAHAMAS TOURIST OFFICE
c/o Herzog HC GmbH | Friesstr. 3 | 60388 Frankfurt/M. | Tel. 069/42 08 90 49 | Fax 42 08 90 27 | www.bahamas.de

CAYMAN ISLANDS TOURISM
6 Arlington Street | London SW1A 1RE | Tel. 0044/20 74 91 77 71 | Fax 20 74 09 77 73 | www.cayman islands.ky

DOMINIKANISCHES FREMDENVERKEHRSAMT
Hochstr. 54 | 60313 Frankfurt/M. | Tel. 069/91 39 78 78 | Fax 28 34 30 | www.godominicanrepublic.com

JAMAICA TOURIST BOARD
Schwarzbachstr. 32 | 40822 Mettmann | Tel. 02104/83 29 74 | Fax 91 26 73 | www.visitjamaica.com

KUBANISCHES FREMDENVERKEHRSAMT
Kaiserstr. 8 | 60311 Frankfurt/M. | Tel. 069/28 83 22 | Fax 29 66 64 | www.cubainfo.de

FREMDENVERKEHRSAMT PUERTO RICO
Schenkendorfstr. 1 | 65187 Wiesbaden | Tel. 0611/267 67 10 | Fax 267 67 60 | www.gotopuertorico.com

BUSFAHREN

Busse sind auf den Großen Antillen ein beliebtes, preiswertes und viel genutztes Transportmittel. Rechnen Sie nicht mit unbedingter Fahrplantreue, dafür aber mit vielen interessanten Begegnungen.

Auf den Bahamas verkehren preiswerte Jitney-Busse in Nassau und Freeport.

DIPLOMATISCHE VERTRETUNGEN

DEUTSCHE BOTSCHAFTEN UND KONSULATE
Bahamas: *Honorarkonsulat | Alliance House | East Bay Street | Nassau | Tel. 394 61 61 | Fax 394 62 62*

Cayman Islands und Jamaika: *10 Waterloo Road | P. O. Box 444 | Kingston 10 | Jamaika | Tel. 926 67 28 | Fax 929 82 82*

Dominikanische Republik: *Calle Gustavo Mejía Ricart | Santo Domingo | Tel. 542 89 50 | Fax 542 89 55*

Kuba: *Calle B | No 652 | Calle 11/ Calle 13 | Vedado | Ciudad de la Habana | Tel. 07/33 25 69 | Fax 33 15 86*

Puerto Rico: *Departamento de Estado | San Juan | Tel. 771 97 25 | Fax 282 85 11*

ÖSTERREICHISCHE BOTSCHAFTEN UND KONSULATE

Bahamas (Honorarkonsulat): *Tel./ Fax 242/364 32 97 | www.austria.org*
Cayman Islands: *Tel. 953 24 90*
Dominik. Republik: *Tel. 508 07 09*
Jamaika: *Tel. 953 24 90*
Kuba: *Tel. 07/204 23 94*
Puerto Rico: *Tel. 767 13 81*

SCHWEIZERISCHE BOTSCHAFTEN UND KONSULATE

Bahamas: *Tel. 502 22 00*
Cayman Islands: *Tel. 948 96 56*
Dominik. Republik: *Tel. 533 37 81*
Jamaika: *Tel. 948 96 56*
Kuba: *Tel. 07/204 26 11*
Puerto Rico: *Tel. 751 31 82*

WÄHRUNGSRECHNER

€	US$	US$	€
10	15,58	10	6,42
20	31,17	20	12,84
30	46,75	30	19,25
40	62,33	40	25,67
50	77,91	50	32,09
60	93,50	60	38,51
70	109,08	70	44,92
80	124,66	80	51,34
90	140,24	90	57,76

EINREISE & AUSREISE

Die meisten Inseln der Großen Antillen und die Bahamas lassen sich mit einem noch 6 Monate gültigen Reisepass besuchen. Wenn die Anreise über die USA führt (auch bei Transit), ist ein maschinenlesbarer Pass erforderlich; neu ausgestellte Pässe müssen biometrische Daten enthalten. Bei Einreise nach Puerto Rico und auf die Bahamas bekommt man im Flugzeug eine *Immigration Card*, die ausgefüllt abzugeben ist. Für Kuba erforderlich sind eine Touristenkarte (erhältlich bei Buchung im Reisebüro oder bei der kubanischen Botschaft) und ein 6 Monate gültiger Pass; wer länger als 30 Tage bleiben will, muss vorher ein Visum beantragen *(Botschaft der Republik Kuba | Stavangerstr. 20 | 10439 Berlin | Tel. 030/91 61 18 11 | Fax 916 45 53 | www.botschaft-kuba.de)*. Auf allen Inseln wird eine jeweils unterschiedlich hohe Ausreisesteuer fällig.

GELD & KREDITKARTEN

Größere Hotels, Restaurants und Geschäfte nehmen Eurocard/Mastercard und Visa an. Mit American Express und Diners werden Sie auf Kuba wegen des amerikanischen Wirtschaftsboykotts Schwierigkeiten haben. Reiseschecks sollten auf US-Dollar ausgestellt sein. Es ist sinnvoll, immer ein paar Dollar Bargeld für Kleinigkeiten und Trinkgelder dabeizuhaben. Es gibt Geldautomaten, an denen man mit Kreditkarte und Geheimnummer Bargeld abheben kann.

GESUNDHEIT

In touristischen Gebieten (z. B. Puerto Rico, Kuba, Cayman Islands) ist die ärztliche Versorgung zufriedenstellend bis gut. Transportprobleme bestehen eher in ländlichen Gebieten Jamaikas und der Dominikanischen Republik. Es ist ratsam, eine Auslandskrankenversicherung abzuschließen, nützlich ist eine Reiseapotheke. Impfungen sind nicht erforderlich. Es ist sinnvoller, guten Moskitoschutz von zu Hause mitzunehmen, als eine (nicht unumstrittene) Malariaprophylaxe vorzunehmen. Auf den Inseln

PRAKTISCHE HINWEISE

der Großen Antillen gibt es natürlich Insektenspray zu kaufen, doch die Inhaltsstoffe der meisten dort erhältlichen Präparate sind aus gutem Grund in Deutschland nicht zugelassen. *www.fit-for-travel.de*

■ INSELFLÜGE ■

Kümmern Sie sich frühzeitig um einen Flug, wenn Sie auch andere Inseln besuchen wollen. Die Dominikanische Republik ist von einigen Inseln aus nur über Miami zu erreichen, dementsprechend sind die Flüge ausgebucht. Zwischen den Inseln der Großen Antillen verkehren Cayman Airways, Air Jamaica, BWIA und American Airlines. Innerhalb der Bahamas ist Bahamas Air die wichtigste Fluglinie *(www.bahamasair.com)*.

■ INTERNET ■

Fast alle karibischen Fremdenverkehrsämter haben ihre eigenen Websites und sind verbunden mit der *Caribbean Tourism Organization (www. onecaribbean.org)*.

Hilfreiche Websites: *www.cuba travel.cu*, *www.travelandsports.com*, *www.jamaicans.com*, *www.caribbean-on-line.com*. Weltwetter, Nachrichten und Videos: *www.accuweather.com;* die beste kubanische Musik online: *www.cubamusic.com;* Informationen, Videos, Wetter, Telefonbücher usw.: *www.dominicanrep.com;* Tourismus, Wetter, Reisen in Puerto Rico: *www.welcometopuertorico.org;* die Tageszeitungen der einzelnen Inseln: *www.caribbeannewspapers. com;* News, Reisen, Berichte aus Jamaika: *www.jamaika-online.de;* Websites zu den Bahamas: *www.ba hamas.de | www.bahamasgp.com*

■ INTERNETCAFÉS & WLAN ■

WLAN-Plätze (Hotspots) sind auf den Großen Antillen rar. Einige der internationalen Hotelketten haben WLAN-Einrichtungen, in jedem Fall aber kann man sich auf den Flughäfen *Owen Roberts Airport Cayman Islands, Norman Manley International Airport Kingston Jamaika* und *Luis Múñoz Marín International Air-*

❯ WAS KOSTET WIE VIEL?

❯ **KAFFEE**	**1 EURO**	für eine Tasse auf Kuba
❯ **BUSFAHRT**	**0,50 EURO**	für eine Fahrt auf Jamaika
❯ **BURGER**	**3,75 EURO**	für einen Burger auf Jamaika
❯ **RUM**	**9 EURO**	für eine Flasche guten Rum auf allen Inseln
❯ **ZIGARREN**	**50–150 EURO**	für eine Kiste Havannas
❯ **KALIK-BIER**	**4–6 EURO**	auf den Bahamas

port *San Juan Puerto Rico* kabellos einloggen. Auf den Bahamas sind Webcafés und Hotspots nur in Nassau und Freeport zu finden. Die großen Hotels hier haben zudem WLAN in Lobby und Zimmern.

– Bahamas: *Bahamas Internet Café | Bay Street | Nassau | www.bahamas internetcafe.com*

– Cayman Islands: *Cafe del Sol | Aqua World Duty Free Mall |*

Georgetown | Grand Cayman | *www.cafedelsol.ky*

– Dominikanische Republik: *Sam's Bar & Grill | Hotel Castilla | J. de C. Ariza | Puerto Plata | sams.bar@codetel.net.do*

– Jamaika: *Cybershores | Doctor's Cave Beach | Gloucester Ave. | Montego Bay | marlon@cybershorescafe.com*

– Puerto Rico: *Soapy's Station | Wyndham Hotel | 102 Gilberto Concepcion de Gracia | Old San Juan | skytalk@isla.net*

▪ MIETWAGEN

Mietwagen stehen auf allen Inseln zur Verfügung. Ein Kleinwagen oder Jeep kostet meistens etwa 60 US$ pro Tag, wobei die großen internationalen Verleihfirmen meist deutlich teurer sind als kleinere, örtliche Agenturen. Es lohnt sich in jedem Fall, Preisvergleiche anzustellen.

▪ POST

Luftpostbriefe und Karten sind nach Europa zwischen sechs Tagen und vier Wochen unterwegs.

▪ PREISE & WÄHRUNG

Die Währungseinheiten sind: Cayman Island Dollar (CI$); Kubanischer Peso bzw. als Touristenwährung Kubanischer Dollar (CU$); Jamaica-Dollar (J$); Dominikanischer Peso (RD$); US-Dollar für Puerto Rico. Der Bahamas-Dollar (B$) ist 1:1 an den US-Dollar gekoppelt.

Das Preisniveau auf den Inseln ist sehr unterschiedlich. Am teuersten sind Grand Cayman und die Bahamas (Preise gut 20 Prozent höher als in den USA), gefolgt von Puerto Rico. Viel billiger reist man auf Kuba und in der Dominikanischen Republik. Importgüter können dennoch teuer sein: Eine kleine Flasche Mineralwasser kann im dominikanischen

WETTER IN SANTO DOMINGO

	Jan.	Feb.	März	April	Mai	Juni	Juli	Aug.	Sept.	Okt.	Nov.	Dez.
	28	28	29	29	30	30	31	31	31	31	30	29
Tagestemperaturen in ºC												
	20	19	20	21	22	23	23	23	23	23	22	21
Nachttemperaturen in ºC												
	6	6	7	6	6	7	7	7	7	7	6	6
Sonnenschein Std./Tag												
	7	6	5	7	11	12	11	11	11	11	10	8
Niederschlag Tage/Monat												
	27	26	26	27	27	27	28	28	28	28	27	27
Wassertemperaturen in ºC												

PRAKTISCHE HINWEISE

Hotel mit 8 US$ berechnet werden – einheimisches kostet nur ein Zehntel.

REISEZEIT

Beste Reisezeit ist der Winter. Leider ist dies auch die Hauptsaison für die meisten Inseln – für Low-Budget-Reisende empfiehlt sich daher der Sommer, die sogenannte Regenzeit, deren sporadische Niederschläge kaum stören. Von Juli bis Ende Oktober herrscht Hurrikansaison – doch keine Angst, vor den zerstörerischen Stürmen wird rechtzeitig gewarnt.

STRASSENVERKEHR

Nur auf Jamaika und den Bahamas gilt Linksverkehr, auf den anderen Inseln fährt man rechts. Vorsicht ist auf den weniger amerikanisierten Inseln geboten: Dort wird extrem rasant gefahren und ebenso gebremst.

STROM

Die Netzspannung schwankt von Insel zu Insel, sogar von Hotel zu Hotel (110–230 Volt). Nehmen Sie einen internationalen Adapter mit und fragen Sie an der Hotelrezeption nach, bevor Sie ihn benutzen.

TAXI

Meist handelt es sich um Sammeltaxis (Kleingeld bereithalten). Oft haben die Taxis keine Taxameter – vereinbaren Sie einen Festpreis.

TELEFON & HANDY

Jede Insel der Großen Antillen verkauft ihre eigenen Telefonkarten, die man an öffentlichen Telefonzellen (meist beim Postamt) benutzen kann. Telefonkarten gibt es auch auf den Bahamas. Für Gespräche nach Kuba wählt man nach der Landeskennzahl die Ortskennzahl ohne Null, dann die Nummer des Teilnehmers. Für die Cayman Islands, Jamaika, die Dominikanische Republik, Puerto Rico und die Bahamas wählt man die Rufnummer direkt nach der Landeskennzahl. Nur wenige deutsche Mobiltelefongesellschaften haben Roamingverträge mit den Großen Antillen.

Vorwahlen: Bahamas *001242*, Cayman Islands *001345*, Dominikanische Republik *001809*, Jamaika *001876*, Kuba *0053*, Puerto Rico *001787*. Vorwahl Deutschland *01149*, Österreich *01143*, Schweiz *01141*

ZEIT

Auf den Cayman Islands, Jamaika und Kuba ist es 6 Stunden früher als nach der Mitteleuropäischen Zeit (MEZ), in der Dominikanischen Republik und Puerto Rico 5 Stunden früher. Während der europäischen Sommerzeit vergrößert sich der Unterschied um eine Stunde. Bahamas: MEZ minus 6 Stunden, doch gilt hier USA-Sommerzeit (erster April- bis letzter Oktobersonntag).

ZOLL

Die Zollvorschriften weichen meist nicht allzu sehr von den europäischen ab. Halten Sie sich an die strengen Vorschriften für die Einfuhr landwirtschaftlicher Erzeugnisse und die Ausfuhr geschützter Tiere und Pflanzen. Kuba-Urlauber dürfen je nach Airline bis zu 30 kg Gepäck einführen. Zollfreie Mengen in die EU: u. a. 200 Zigaretten oder 100 Zigarillos oder 50 Zigarren oder 250 g Tabak, 1 l Spirituosen, 500 g Kaffee, Geschenke für 175 Euro. *www.zoll.de*

„Sprichst du Englisch?" Dieser Sprachführer hilft Ihnen,
die wichtigsten Wörter und Sätze auf Englisch zu sagen

Aussprache

Zur Erleichterung der Aussprache sind alle englischen Wörter mit einer einfachen
Aussprache (in eckigen Klammern) versehen. Folgende Zeichen sind Sonderzeichen:

ə   nur angedeutetes „e" wie in bitte
θ   [s] gesprochen mit der Zungenspitze zwischen den Zähnen
'   die nachfolgende Silbe wird betont. Bei einer Hauptbetonung steht das Zeichen
     oben vor der Silbe, bei einer Nebenbetonung unten.

■ AUF EINEN BLICK

Ja./Nein.	Yes. [jäs]/No. [nəu]
Vielleicht.	Perhaps. [pə'häps]/Maybe. ['mäibih]
Bitte.	Please. [plihs]
Danke.	Thank you. ['θänkju]
Vielen Dank!	Thank you very much. ['θänkju 'wäri 'matsch]
Gern geschehen.	You're welcome. [joh 'wälkəm]
Entschuldigung!	I'm sorry! [aim 'sori]
Wie bitte?	Pardon? ['pahdn]
Ich verstehe Sie/dich nicht.	I don't understand. [ai dəunt andə'ständ]
Ich spreche nur wenig …	I only speak a bit of … [ai 'əunli spihk ə'bit əw …]
Können Sie mir bitte helfen?	Can you help me, please? ['kən ju 'hälp mi plihs]
Ich möchte …	I'd like … [aid'laik]
Das gefällt mir (nicht).	I (don't) like it. [ai (dəunt) laik_it]
Haben Sie …?	Have you got …? ['həw ju got]
Wie viel kostet es?	How much is it? ['hau'matsch is it]
Wie viel Uhr ist es?	What time is it? [wot 'taim is it]

■ KENNENLERNEN

Guten Morgen!	Good morning! [gud 'mohning]
Guten Tag!	Good afternoon! [gud ahftə'nuhn]
Guten Abend!	Good evening! [gud 'ihwning]
Hallo! Grüß dich!	Hello! [hə'ləu]/Hi! [hai]
Mein Name ist …	My name is … [mai näims …]
Wie ist Ihr/dein Name?	What's your name? [wots joh 'näim]
Wie geht es Ihnen/dir?	How are you? [hau 'ah ju]

Danke. Und Ihnen/dir?

Auf Wiedersehen!
Tschüss!
Bis morgen!

Fine thanks. And you?
[ˈfain θänks, ənd ˈju]
Goodbye!/Bye-bye! [gudˈbai/baiˈbai]
See you!/Bye! [sih ju/bai]
See you tomorrow! [sih ju təˈmərəu]

■ UNTERWEGS

AUSKUNFT

links/rechts
geradeaus
nah/weit
Bitte, wo ist …?

Bahnhof
Bushaltestelle
Flughafen
Wie weit ist das?
Ich möchte … mieten.
    … ein Auto …
    … ein Fahrrad …

left [läft]/right [rait]
straight on [sträit ˈon]
near [niə]/far [fah]
Excuse me, where's …, please?
[iksˈkjuhs ˈmih ˈweəs … plihs]
station [ˈstäischn]
bus stop [bas stəp]
airport [ˈeəpoht]
How far is it? [ˈhau ˈfahr_is_it]
I'd like to hire … [aidˈlaik tə ˈhaiə]
    … a car. [ə ˈkah]
    … a bike. [ə ˈbaik]

PANNE

Ich habe eine Panne.

Würden Sie mir bitte
einen Abschleppwagen
schicken?
Gibt es hier in der Nähe
eine Werkstatt?

My car's broken down.
[mai ˈkahs ˈbrəukn ˈdaun]
Would you send a breakdown
truck, please?
[ˈwud ju sänd ə bräikdaun trak plihs]
Is there a garage nearby?
[ˈis θeə_ə ˈgärahdsch ˈniərbai]

TANKSTELLE

Wo ist die nächste Tankstelle?

Ich möchte … Liter …
    … Normalbenzin.
    … Super.
    … Diesel.
    … bleifrei/verbleit.

Volltanken, bitte.

Where's the nearest petrol station?
[ˈweəs θə ˈniərist ˈpätrəlstäischn]
… litres of … [ˈlihtəs əw]
    … three-star [ˈθrihstah]
    … four-star [ˈfohstah]
    … diesel [ˈdihsl]
    … unleaded/leaded, please.
    [anˈlädid/ˈlädid plihs]
Full, please. [ˈful plihs]

UNFALL

Hilfe!	Help! [hälp]
Achtung!	Attention! [ə'tänschn]
Vorsicht!	Look out! ['luk 'aut]
Rufen Sie bitte …	Please call … ['plihs 'kohl]
… einen Krankenwagen.	… an ambulance. [ən 'ämbjuləns]
… die Polizei.	… the police. [θə pə'lihs]
Es war meine Schuld.	It was my fault. [it wɔs 'mai 'fohlt]
Es war Ihre Schuld.	It was your fault. [it wɔs 'joh 'fohlt]
Geben Sie mir bitte Ihren Namen und Ihre Anschrift.	Please give me your name and address! [plihs giw mi joh 'näim ənd ə'dräs]

ESSEN/UNTERHALTUNG

Reservieren Sie uns bitte für heute Abend einen Tisch für vier Personen.	Would you reserve us a table for four for this evening, please? ['wud ju ri'söhw əs ə 'täibl fə foh fə θis 'ihwning plihs]
Die Speisekarte, bitte.	Could I have the menu, please. ['kud ai häw θə 'mänjuh plihs]
Ich nehme …	I'll have … [ail häw]
Bitte ein Glas …	A glass of …, please [ə 'glahs_ɔw … plihs]
Auf Ihr Wohl!	Cheers! [tschiəs]
Bezahlen, bitte.	Could I have the bill, please? ['kud ai häw θə 'bil plihs]
Wo sind bitte die Toiletten?	Where are the restrooms, please? ['weərə θə 'restruhms plihs]

EINKAUFEN

Wo finde ich …?	Where can I find …? ['weə 'kən_ai 'faind]
Apotheke	chemist's [kämists]
Bäckerei	baker's [bäikəs]
Kaufhaus	department store [di'pahtmənt stoh]
Lebensmittelgeschäft	food store ['fuhd stoh]

ÜBERNACHTUNG

Können Sie mir bitte … empfehlen?	Can you recommend …, please? [kən ju ˌräkə'mänd … plihs]
… ein Hotel …	… a hotel … [ə həu'täl]
… eine Pension …	… a guest-house … [ə 'gästhaus]
Ich habe bei Ihnen ein Zimmer reserviert.	I've reserved a room. [aiw ri'söhwd_ə 'ruhm]

SPRACHFÜHRER

Haben Sie noch …
   … ein Einzelzimmer?
   … ein Doppelzimmer?
   … mit Dusche/Bad?

   … für eine Nacht?
   … für eine Woche?
Was kostet das Zimmer
mit …
   … Frühstück?
   … Halbpension?

Have you got … [how ju got]
   … a single room? [ə 'singl ruhm]
   … a double room? [ə 'dabl ruhm]
   … with a shower/bath?
   [wiθ ə 'schauə/bahθ]
   … for one night? [fə wan 'nait]
   … for a week? [fə ə 'wihk]
How much is the room with …
['hau 'matsch is θə ruhm wiθ]
   … breakfast? ['bräkfəst]
   … half board? ['hahf'bohd]

PRAKTISCHE INFORMATIONEN

ARZT

Können Sie mir einen
guten Arzt empfehlen?
Ich habe hier Schmerzen.

Can you recommend a good doctor?
[kən ju ‚räkə'mänd ə gud 'doktə]
I've got pain here. [aiw got päin 'hiə]

POST

Was kostet …
   … ein Brief …
   … eine Postkarte …
   … nach Deutschland?

How much is … ['hau 'matsch is]
   … a letter … [ə 'lätə]
   … a postcard … [ə pəustkahd]
   … to Germany? [tə 'dschöhməni]

ZAHLEN

0	zero, nought [siərəu, noht]	19	nineteen [‚nain'tihn]
1	one [wan]	20	twenty ['twänti]
2	two [tuh]	21	twenty-one [‚twänti'wan]
3	three [θrih]	30	thirty ['θöhti]
4	four [foh]	40	forty ['fohti]
5	five [faiw]	50	fifty ['fifti]
6	six [siks]	60	sixty ['siksti]
7	seven ['säwn]	70	seventy ['säwnti]
8	eight [äit]	80	eighty ['äiti]
9	nine [nain]	90	ninety ['nainti]
10	ten [tän]	100	a (one) hundred
11	eleven [i'läwn]		['ə (wan) 'handrəd]
12	twelve [twälw]	1000	a (one) thousand
13	thirteen [θöh'tihn]		['ə (wan) 'θausənd]
14	fourteen [‚foh'tihn]	10000	ten thousand
15	fifteen [‚fif'tihn]		['tän 'θausənd]
16	sixteen [‚siks'tihn]	1/2	a half [ə 'hahf]
17	seventeen [‚säwn'tihn]	1/4	a (one) quarter
18	eighteen [‚äi'tihn]		['ə (wan) 'kwohtə]

„Sprichst du Spanisch?" Dieser Sprachführer hilft Ihnen, die wichtigsten Wörter und Sätze auf Spanisch zu sagen

Aussprache

c	vor „e" und „i" stimmloser Lispellaut stärker als engl. „th"
ch	stimmloses „tsch" wie in „tschüss"
g	vor „e, i" wie deutsches „ch" in „Bach"
gue, gui/que, qui	das „u" ist immer stumm, wie deutsches „g"/„k"
j	immer wie deutsches „ch" in „Bach"
ll, y	wie deutsches „j" zwischen Vokalen. Bsp.: Mallorca
ñ	wie „gn" in „Champagner"

■ AUF EINEN BLICK

Ja./Nein.	Sí./No.
Vielleicht.	Quizás./Tal vez.
In Ordnung./Einverstanden!	¡De acuerdo!/¡Está bien!
Bitte./Danke.	Por favor./Gracias.
Vielen Dank!	Muchas gracias.
Gern geschehen.	No hay de qué./De nada.
Entschuldigung!	¡Perdón!
Wie bitte?	¿Cómo dice/dices?
Ich verstehe Sie/dich nicht.	No le/la/te entiendo.
Ich spreche nur wenig …	Hablo sólo un poco de …
Können Sie mir bitte helfen?	¿Puede usted ayudarme, por favor?
Ich möchte …	Quiero …/Quisiera …/Me gustaría …
Das gefällt mir (nicht).	(No) me gusta.
Haben Sie …?	¿Tiene usted …?
Wie viel kostet es?	¿Cuánto cuesta?

■ KENNENLERNEN

Guten Morgen!	¡Buenos días!
Guten Tag!	¡Buenos días!/¡Buenas tardes!
Guten Abend!	¡Buenas tardes!/¡Buenas noches!
Hallo! Grüß dich!	¡Hola! ¿Qué tal?
Ich heiße …	Me llamo …
Wie ist Ihr Name, bitte?	¿Cómo se llama usted, por favor?
Wie geht es Ihnen/dir?	¿Cómo está usted?/¿Qué tal?
Danke. Und Ihnen/dir?	Bien, gracias. ¿Y usted/tú?
Auf Wiedersehen!	¡Adiós!
Tschüss!	¡Adiós!/¡Hasta luego!
Bis morgen!	¡Hasta mañana!

> www.marcopolo.de/karibik-grosse-ant

SPRACHFÜHRER SPANISCH

▌UNTERWEGS ▌▌▌▌▌▌▌▌▌▌▌▌▌▌▌▌▌▌▌▌

AUSKUNFT

links/rechts	a la izquierda/a la derecha
geradeaus	todo seguido/derecho
nah/weit	cerca/lejos
Wie weit ist das?	¿A qué distancia está?
an der Ampel	al semáforo
an der nächsten Ecke	en la primera esquina
Bitte, wo ist …	Perdón, ¿dónde está …
… der Busbahnhof?	… la estación de autobuses?
… die Haltestelle?	… la parada?
Fahrplan	horario
Eine Fahrkarte nach … bitte.	Un billete para …, por favor.
Ich möchte hier aussteigen.	Quiero bajar aquí.
Ich möchte … mieten.	Quisiera alquilar …
… ein Auto …	… un coche.
… ein Boot …	… un barco.

PANNE

Ich habe eine Panne.	Tengo una avería.
Würden Sie mir bitte einen Abschleppwagen schicken?	¿Puede usted enviarme un cochegrúa, por favor?
Gibt es hier in der Nähe eine Werkstatt?	¿Hay algún taller por aquí cerca?

TANKSTELLE

Wo ist bitte die nächste Tankstelle?	¿Dónde está la gasolinera más cercana, por favor?
Ich möchte … Liter …	Quisiera … litros de …
… Normalbenzin.	… gasolina normal.
… Super./… Diesel.	… súper./… diesel.
Volltanken, bitte.	Lleno, por favor.

UNFALL

Hilfe!	¡Ayuda!/¡Socorro!
Achtung!	¡Atención!
Rufen Sie bitte schnell …	Llame enseguida …
… einen Krankenwagen.	… una ambulancia.
… die Polizei.	… a la policía.
… die Feuerwehr.	… a los bomberos.

Haben Sie Verbandszeug?	¿Tiene usted botiquín de urgencia?
Es war meine Schuld.	Ha sido por mi culpa.
Es war Ihre Schuld.	Ha sido por su culpa.
Geben Sie mir bitte Ihren Namen und Ihre Anschrift.	¿Puede usted darme su nombre y dirección?

■ ESSEN/UNTERHALTUNG

Wo gibt es hier …	¿Dónde hay por aquí cerca …
… ein gutes Restaurant?	… un buen restaurante?
… ein nicht zu teures Restaurant?	… un restaurante no demasiado caro?
Reservieren Sie uns bitte für heute Abend einen Tisch für vier Personen.	¿Puede reservarnos para esta noche una mesa para cuatro personas?
Die Speisekarte, bitte.	La carta, por favor.
Könnte ich bitte … haben?	¡Tráigame… , por favor!
… ein Messer?	… un cuchillo?
… eine Gabel?	… un tenedor?
… einen Löffel?	… una cuchara?
Auf Ihr Wohl!	¡Salud!
Das Essen war ausgezeichnet.	La comida estaba excelente.
Bezahlen, bitte.	¡La cuenta, por favor!

■ EINKAUFEN

Wo finde ich …	Por favor, ¿dónde hay …
… eine Apotheke?	… una farmacia?
… eine Bäckerei?	… una panadería?
… ein Fotogeschäft?	… una tienda de artículos fotográficos?
… ein Einkaufszentrum?	… un centro comercial?
… ein Lebensmittelgeschäft?	… una tienda de comestibles?
… den Markt?	… el mercado?

■ ÜBERNACHTEN

Können Sie mir bitte … empfehlen?	Perdón, señor/señora/señorita. ¿Podría usted recomendarme …
… ein Hotel …	… un hotel?
… eine Pension …	… una pensión?
Ich habe ein Zimmer reserviert.	He reservado una habitación.
Haben Sie noch …	¿Tienen ustedes …?
… ein Einzelzimmer?	… una habitación individual?
… ein Zweibettzimmer?	… una habitación doble?
… mit Dusche/Bad?	… con ducha/baño?
… für eine Nacht?	… para una noche?

> *www.marcopolo.de/karibik-grosse-ant*

… für eine Woche?
… ein ruhiges Zimmer?
Was kostet das Zimmer mit …
    … Frühstück?
    … Halbpension?

… para una semana?
… una habitación tranquila?
¿Cuánto cuesta la habitación con …
    … desayuno?
    … media pensión?

PRAKTISCHE INFORMATIONEN

ARZT

Können Sie mir einen
guten Arzt empfehlen?
Ich habe hier Schmerzen.
Ich habe …
    … Kopfschmerzen.
    … Zahnschmerzen.
    … Durchfall.
    … Fieber.

¿Puede usted indicarme un buen
médico?
Me duele aquí.
Tengo …
    … dolor de cabeza.
    … dolor de muelas.
    … diarrea.
    … fiebre.

POST

Was kostet …
    … ein Brief …
    … eine Postkarte …
    … nach Deutschland?
Eine Briefmarke, bitte.

¿Cuánto cuesta …
    … una carta …
    … una postal …
    … para Alemania?
Un sello, por favor.

ZAHLEN

0	cero	19	diecinueve
1	un, uno, una	20	veinte
2	dos	21	veintiuno, -a, veintiún
3	tres	22	veintidós
4	cuatro	30	treinta
5	cinco	40	cuarenta
6	seis	50	cincuenta
7	siete	60	sesenta
8	ocho	70	setenta
9	nueve	80	ochenta
10	diez	90	noventa
11	once	100	cien, ciento
12	doce	200	doscientos, -as
13	trece	1000	mil
14	catorce	2000	dos mil
15	quince	10000	diez mil
16	dieciséis		
17	diecisiete	1/2	medio
18	dieciocho	1/4	un cuarto

Bahamas-Insel Eleuthera

> UNTERWEGS AUF DEN
GROSSEN ANTILLEN

Die Seiteneinteilung für den Reiseatlas finden Sie auf
dem hinteren Umschlag dieses Reiseführers

REISE ATLAS

A **B** **C** US

1

G u l f   o f   M e x i c o

Dry Tortugas
Fort Jefferson
Nat. Mem.
Dry Tortugas
Nat. Park
Marquesas
Keys
Key West

3891

2

E s t

Tropic of Cancer   714

2343   LA HABANA
Tabara Guanabo 104 Sta

Santa Fe Guanabat
Cabañas Mariel Bauta Cotorro
Bahía Guanajay S. José d.
Palma Honda 36
200 Rubia Cayajabos **90** Bejucal 69 M
Cayo La Palma 692 Artemisa Güira Güines
Levisa 105 **A4** S.Cristóbal de Melena Playa Ro
La Esperanza Sta.Lucia 40 Taco Taco Batabanó
Minas • V. Viñales **70** S. Diego Ensenada
de Matahambre **PINAR** Paso Real del Sur de la B
Arroyos **DEL RIO** Consolación Dayaniguas Maneac
de Mantua **CC** S. Juan y Martínez Golfo de Per
Mantua Isabel Playa Batabanó
Sandino Rubio las Cañas Aguas Claras
B. de Guadiana Las Martinas Cayos Nueva Gerona
Pen. de P.N. Penins. de San Felipe
Guanahacabibes de Guanaha... La Cayos La Melvis La Reforma Cayo
C. de S. Bahía Balada los Indios 310 La Fé Cantiles
Antonio bibes María la Siguanea Cayo
de Gorda Jacksonville Pta. del Ros
Corrientes C. Corrientes 2451 del Este del Guanal Cay
Rincón del Guanal
Isla de la Juventud
(Isla de Pinos)

Archipiélago de los Colorados

Golfo de
Batabanó

Archipiélago de los Canar

4

-5h Gr.Time

-6h
Gr. Time

4800

5 Y u c a t á n   B a s i n

3620

6

50 km

563 438 **130** 4020

Gr
Tu

D · E · F

4316
2337
White Cliff · Samana Cay
24

Bird Rock
Lighthouse
Crooked Island
Town
Colonel Hill
Cay
Albert
Town

ATLANTIC
OCEAN

Plana
Cays
Indian
Community

Pinefield
Bight
of Acklins
Snug
Corner
Betsy Bay
Abraham's
Bay
Mayaguana I.
Devil's Pt.

Salina
Pt.
Acklins I.

Castle I.

Caicos Passage

**Turks and Caicos
Islands (U.K.)**

**THE
BAHAMAS**

Water Cay
North Caicos
Conch Bar

Providenciales Island
Bottle
Creek
Grand
Caicos
East Caicos

West
Caicos
Five Cays
Settlements
Caicos

Grand
Island
Cockburn
Town

Northwest
Cay
Little Inagua I.

Cockburn
Harbor
South
Caicos

2

Islands
Big Amber-
gris Cay
Turks
Islands

Great Inagua I.
Northeast Pt.

Northwest Pt.
Bahamas
Nat. Trust Park

Matthew
Town
Southwest
Pt.
Southeast
Pt.

3

-5h Gr.Time   -4h Gr.Time

A.d.Humboldt
Cayo Güin
Baracoa
Île de la Tortue · Palmiste
Pte. Quest

Jamal
Maisí
Pta. de
La Quemados
Máquina
Jauco

Port-de-Paix
Le Borgne
Cap-Haïtien
Monte Cristi
Villa
Vázquez **116**

Jean Rabel
Gros-
Morne
Limbé
Fort
Liberté
Guayubín

Bay
ation)
Passe du Vent
La
Plateforme
Anse
Rouge
Acul
du Nord
Milot
La Citadelle
Dondon
Terrier
Rouge **74**
Dajabón
Mao

Eau de
Boynes
Vallières
St. Michel
de l'Attalaye
162
Loma
de Cabrera

Gonaïves
Ennery
Restau-
ración

274
Villard
Hinche
Los Palos
Bánica

HAÏTI
St. Marc
Pte. Riv.
de l'Artibonite
Montrouis
Thomonde
Matayaya

Pointe des Lataniers
Île de la
Gonâve
Mirebalais
Arcahaie
Belladère

Canal du Sud
Anse à
Galets
**PORT-AU-
PRINCE**
Trianon
La Toison
**San
Juan**

Jérémie
Roseaux
Corail
Grande
Cayemite Anse-à-
Veau
Miragoâne
Kenscoff
Pétionville
Sierra de
La Descu-
bierta
Neiba
Villarpa

Massif du Sud
ou de la Hotte
Baradères
L'Asile
Léogâne
La Visite
Jimani
Neiba
Vicente
Noble

Maniche
196
Petit
Goâve
Bainet
Massif de la Selle
162
Cabral
Barahona

Côteaux
Aquin
Les Cayes
Fouquet
Jacmel
Marigot
Belle
Anse

Port Salut
Île-à-Vache
Pedernales

Cabo Falso
o P. Agujas
Oviedo

HISPANIOLA

Isla Beata
Cabo Beata
P.N. Jaragua

	D		E		F	

1

50 km

4130

5306

5968

ATLANTIC

3847

OCEAN

2

Window
town
Eleuthera I.
Governor's Harbour

THE BAHAMAS

Rock Sound
4645

Bannerman Town
Northeast Pt.
Arthur's Town
3
5494
ast End Pt.
Little San Salvador I.
Cat Island

4206

New Bight
Moss Town
ck Point
1723
Port Howe

White Cay
San Salvador
(Guanahani I.)
Cockburn Town
45
Columbus Monument
Southwest Pt.

Concepción I.
Cape Santa Maria
Sound
Rolleville
Elizabeth Harbour
Burnt Ground
45
William's
Rum Cay
(Mamana I.)
36
Port Nelson

I.
Centre
Millerton
xuma
28 Town
Simms
George Town
Tropic of Cancer
4540
4702
Little Exuma I.
Hog Cay
Long Island
4

Deadman's Cay
4316

Jumentos Cays
Clarence Town
2337
24
White Cliff
Samana Cay
Water Cay
54 Mortimers
Bird Rock Lighthouse

2447
South Pt.
Pitts Town
Crooked Island
47
Plana Cays
3357
Colonel Hill
Pinefield
Long Cay
Albert Town
13
Bight of Acklins
Snug Corner
Indian Community
Mayaguana Passage
Abraham's Bay
5
Ragged Island Range
Raccon Cay
36
Betsy Bay
Devil's Pt.
43
1425
Salina Pt.
Acklins I.
Duncan Town
Little Ragged I.
Mira por vos Cays
Castle I.
Cay Verde
Mira por vos Passage

Lloyd Rock (The Brothers)

Cay Santo Domingo
783

18
Northwest Cay
Little Inagua I.
18
476
3250
Great Inagua I.
Northeast Pt.
1962
2840
40
U B A
ueta
Northwest Pt.
Bahamas
Nat. Trust Park
42
Gibara
Guardalavaca
C. Lucrecia
Matthew Town
Southeast Pt.
as
Banes
Rafael
Santa Lucia
Freyre Tacajó
Antilla
B. de Banes
HOLGUÍN
B. de
Cayo Saetía
Cayo
Mambí
Moa
cocum
Báguanos

133

444

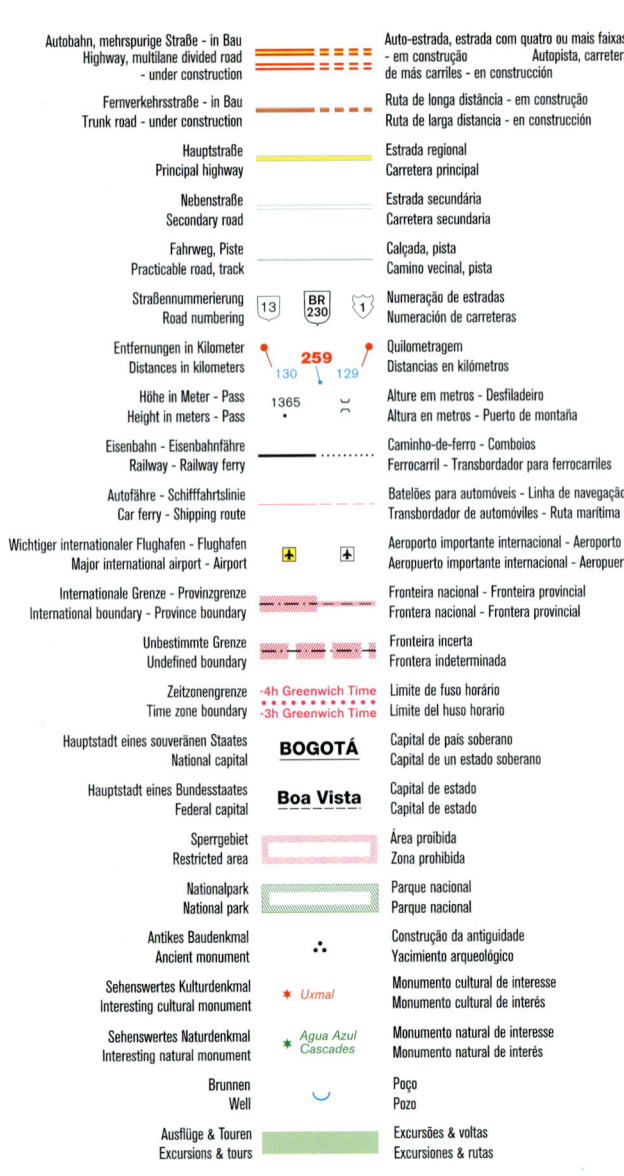

Deutsch / English		Português / Español
Autobahn, mehrspurige Straße - in Bau Highway, multilane divided road - under construction		Auto-estrada, estrada com quatro ou mais faixas - em construção Autopista, carretera de más carriles - en construcción
Fernverkehrsstraße - in Bau Trunk road - under construction		Ruta de longa distância - em construção Ruta de larga distancia - en construcción
Hauptstraße Principal highway		Estrada regional Carretera principal
Nebenstraße Secondary road		Estrada secundária Carretera secundaria
Fahrweg, Piste Practicable road, track		Calçada, pista Camino vecinal, pista
Straßennummerierung Road numbering	13 BR 230 1	Numeração de estradas Numeración de carreteras
Entfernungen in Kilometer Distances in kilometers	130 259 129	Quilometragem Distancias en kilómetros
Höhe in Meter - Pass Height in meters - Pass	1365	Alture em metros - Desfiladeiro Altura en metros - Puerto de montaña
Eisenbahn - Eisenbahnfähre Railway - Railway ferry		Caminho-de-ferro - Comboios Ferrocarril - Transbordador para ferrocarriles
Autofähre - Schifffahrtslinie Car ferry - Shipping route		Batelões para automóveis - Linha de navegação Transbordador de automóviles - Ruta marítima
Wichtiger internationaler Flughafen - Flughafen Major international airport - Airport	✈ ✈	Aeroporto importante internacional - Aeroporto Aeropuerto importante internacional - Aeropuerto
Internationale Grenze - Provinzgrenze International boundary - Province boundary		Fronteira nacional - Fronteira provincial Frontera nacional - Frontera provincial
Unbestimmte Grenze Undefined boundary		Fronteira incerta Frontera indeterminada
Zeitzonengrenze Time zone boundary	-4h Greenwich Time -3h Greenwich Time	Limite de fuso horário Limite del huso horario
Hauptstadt eines souveränen Staates National capital	**BOGOTÁ**	Capital de país soberano Capital de un estado soberano
Hauptstadt eines Bundesstaates Federal capital	**Boa Vista**	Capital de estado Capital de estado
Sperrgebiet Restricted area		Área proibida Zona prohibida
Nationalpark National park		Parque nacional Parque nacional
Antikes Baudenkmal Ancient monument	∴	Construção da antiguidade Yacimiento arqueológico
Sehenswertes Kulturdenkmal Interesting cultural monument	★ *Uxmal*	Monumento cultural de interesse Monumento cultural de interés
Sehenswertes Naturdenkmal Interesting natural monument	★ *Agua Azul Cascades*	Monumento natural de interesse Monumento natural de interés
Brunnen Well		Poço Pozo
Ausflüge & Touren Excursions & tours		Excursões & voltas Excursiones & rutas

Wasserfall auf Jamaika

REGISTER

Im Register sind alle in diesem Reiseführer erwähnten Orte, Inseln, Strände und Ausflugsziele verzeichnet. Halbfette Seitenzahlen verweisen auf den Haupteintrag, kursive auf ein Foto.

IMPRESSUM

SCHREIBEN SIE UNS!

Liebe Leserin, lieber Leser,

wir setzen alles daran, Ihnen möglichst aktuelle Informationen mit auf die Reise zu geben. Dennoch schleichen sich manchmal Fehler ein – trotz gründlicher Recherche unserer Autoren/innen. Sie haben sicherlich Verständnis, dass der Verlag dafür keine Haftung übernehmen kann.

Wir freuen uns aber, wenn Sie uns schreiben.

Senden Sie Ihre Post an die
MARCO POLO Redaktion,
MAIRDUMONT, Postfach 31 51,
73751 Ostfildern,
info@marcopolo.de

IMPRESSUM

Titelbild: Chalet am Strand, Catalina-Insel (Look: R. Dirscherl)
Fotos: Agua Resort & Spa (14 u.); BAVARO ECO TOURS: Klaus-Dieter Rohde (15 o.); Bavaro Runners: Javier Ortiz Golibart (15 u.); BRAVA: Jose Luis Campo (107 u. r.); Casa del Festival (15 M.); Cooyah: Ryan Micheal (13 u.); Courtesy of Grace Bay Club (12 u.); © fotolia.com: FFCucina (106 o. l.); Galaxy Lanes: Juan Collaso (107 M. l.); T. Hauser (11, 23, 40, 113); HB Verlag: Huber (66, 105); Huber: Bertsch (46/47, 51), Gräfenhain (16/17, 88/89, 90, 128/129), Huber (6/7, 139), Kornblum (61), Piguatelli (38), Schmid (8/9, 24/25, 30/31, 52/53, 102/103); V. Janicke (74, 75); G. Jung (3 r., 4 l., 18, 21, 28, 42, 45, 64/65, 70, 76/77, 85); Laif: Bialobrzeski (5, 69, 73), Eisermann (32, 108/109), Gonzalez (83, 87), Hauser (35), Heeb (101, 112/113), Huber (22/23, 110, 112), Kirchgessner (29, 92, 95, 97, 99), Sasse (U. M., 2 r., 4 r., 22, 28/29, 48, 54, 56, 63), Tophoven (U. r., 36); Laif/Aurora: Azel (78, 81); Legends of Puerto Rico, Inc. (107 M. r.); Look: R. Dirscherl (1); Mauritius: Foodpix (26), Weinhäupl (U. l.); Paul Menta (12 o.); Norma's at the Marina: Gariel Ferguson (13 o.); P. Spierenburg (2 l., 3 M., 58, 60); © iStockphoto.com: David Cannings-Bushell (106 u. r.), Kelly Cline (106 M. l.), Aleksandr Frolov (106 M. r.), Arne Trautmann (107 o. l.); THE KITEHOUSE: Paul Menta (14 o.); I. Tonollo (143); White Star: Steinert (3 l., 27)

8., aktualisierte Auflage 2009
© MAIRDUMONT GmbH & Co. KG, Ostfildern
Verlegerin: Stephanie Mair-Huydts; Chefredaktion: Michaela Lienemann, Marion Zorn
Autoren: Irmeli Tonollo, Michael Auwers, Karl Teuschl; Redaktion: Corinna Walkenhorst
Programmbetreuung: Cornelia Bernhart, Jens Bey; Bildredaktion: Gabriele Forst
Szene/24h: wunder media, München
Kartografie Reiseatlas: © MAIRDUMONT, Ostfildern; Berndtson & Berndtson, Fürstenfeldbruck
Innengestaltung: Zum goldenen Hirschen, Hamburg; Titel/S. 1–3: Factor Product, München
Sprachführer: in Zusammenarbeit mit Ernst Klett Sprachen GmbH, Stuttgart, Redaktion PONS Wörterbücher

Printed in Germany. Gedruckt auf 100% chlorfrei gebleichtem Papier

FÜR IHRE NÄCHSTE REISE

gibt es folgende MARCO POLO Titel:

Irmeli Tonollo ist als Reiseschriftstellerin auf die Karibik spezialisiert und reist seit 1991 regelmäßig auf die Großen Antillen.

Sie reisen regelmäßig auf die Großen Antillen. Wie ist es dazu gekommen?

Ich habe in den 1980er-Jahren in London gelebt, um Sprachen zu lernen, und bin über englische Freunde auf die Westindischen Inseln gekommen. Meine ersten Reisen gingen nach Jamaika, Kuba und auf die British Virgin Islands.

Was zieht Sie auf die Großen Antillen?

Bestechend ist natürlich das Wetter in der Karibik. Aber mich haben auch schon immer die Vielfalt der dort lebenden Menschen, ihre Kulturen, Sprachen und Gewohnheiten interessiert. Alle Inseln haben ihren eigenen unverwechselbaren Charakter, wenn sie landschaftlich auch oft vieles gemeinsam haben.

Und was mögen Sie nicht so?

Die wirtschaftlichen Gegensätze. Als Tourist muss man sich immer der Tatsache bewusst sein, dass das Einkommen eines Insulaners einen Bruchteil des eigenen Einkommens beträgt. Im Übrigen sind die großen All-inclusive-Resorts fest in amerikanischer oder europäischer Hand, sodass die Einheimischen nur indirekt von den Devisen profitie-

ren. Außerdem fehlen mir auf den Inseln die vier Jahreszeiten.

Wo und wie leben Sie genau?

Ich lebe sowohl in der Karibik als auch in Hamburg, meistens drei Monate hier, drei Monate dort. Auf den British Virgin Islands habe ich eine kleine Mietwohnung bezogen, immerhin mit eigener Terrasse und schönem Blick aufs Meer.

Sprechen Sie Spanisch?

Ich habe in England gut Englisch gelernt und bin jetzt, nach all den Jahren, auch mit dem jamaikanischen Patois vertraut. Mein Spanisch reicht für meine Reisen gut aus.

Kommen Sie viel auf den Inseln herum?

Ich habe auf allen Inseln Freunde und Bekannte, die ich gern besuche. So bin ich sehr viel unterwegs und kann Angenehmes mit Nützlichem verbinden.

Was machen Sie in Ihrer Freizeit?

Lesen, tanzen, kochen (nach Rezepten aller Länder). Am allerliebsten aber reise ich!

Mögen Sie die karibische Küche?

Ich liebe *jerk chicken,* auch wenn es manchmal höllisch scharf ausfällt. Überhaupt mag ich die Gerichte der Antillen, die von der asiatisch-indischen Küche beeinflusst sind, oder die gut gewürzten Eintöpfe der spanischen Inseln.

> BLOSS NICHT!

Was Sie auf den Großen Antillen und den Bahamas vermeiden sollten

Gedankenlos fotografieren

Seien Sie beim Fotografieren von Einheimischen besonders vorsichtig! Auf manchen Inseln reagieren die Menschen sogar aggressiv, wenn sie nur glauben, auf dem Bild getroffen zu sein. Vor allem an der Nordküste Jamaikas ist es diesbezüglich zu unangenehmen Zwischenfällen gekommen.

Geld schwarz tauschen

Auf Kuba, in der Dominikanischen Republik und auf Jamaika ist der Umtausch der jeweiligen Landeswährung nur in Banken und den staatlich lizenzierten Wechselstuben erlaubt. Wenn Sie dennoch privat Ihre Dollar einwechseln, könnte im schlimmsten Fall Ihr Urlaub ein jähes Ende nehmen.

In Puerto Rico baden

In den Süßwasser führenden Gewässern der Insel Puerto Rico tritt verbreitet der Erreger der Bilharziose auf. Um eine Infizierung mit dieser gefährlichen Krankheit zu vermeiden, sollten Sie Ihre Badeaktivitäten auf die Strände oder Swimmingpools beschränken.

Jedes Souvenir kaufen

Kaufen Sie keinen Schmuck aus Korallen oder Schildpatt: Die Korallenriffe sterben, die Meeresschildkröten sind vom Aussterben bedroht. Nehmen Sie keine lebenden Tiere oder Pflanzen mit. Viele der Orchideen, Reptilien und Vögel, die hier heimisch sind, stehen unter Naturschutz. Der Zoll sieht über Vergehen nicht hinweg, selbst wenn es Ihr Gewissen tut.

Nahtlos bräunen

Auf den puritanisch prüden Bahamas ist Oben ohne oder gar FKK am Hotelpool oder Strand verpönt. Die Herren tragen sogar meist knielange Badeshorts. Knappe Bikinis sind dagegen recht gern gesehen. An den oft menschenleeren Stränden der Out Islands gilt: Badekleidung ganz nach Gusto, denn wo keine Kläger, da keine Richter.

Rauschgift mit sich führen

Alle Inseln haben strikte Gesetze gegen den Handel mit Rauschgiften und deren Konsum. Dennoch wird, ebenfalls auf allen Inseln, immer wieder Rauschgift angeboten. Seien Sie sich der Risiken bewusst!

Sich ärgern

Lassen Sie sich Zeit. Die Insulaner tun das auch. Wenn Sie hier in der Karibik Tugenden wie Pünktlichkeit und Zuverlässigkeit erwarten, sind Sie fehl am Platz. Der Ärger, den Sie verspüren, wird den betreffenden armen Sünder nicht sonderlich beeindrucken, Ihnen aber ganz bestimmt die Urlaubsfreude verderben.